Sexología Clínica y Psicoterapia

Oswaldo M. Rodrigues Jr.
InPaSex (org.)

São Paulo, 2016

Instituto Paulista de Sexualidade - 20 anos
Clínica de Psicologia e Sexualidade - 1996

Portada: Oswaldo M. Rodrigues Jr.
Fotos fuera de los capítulos: Oswaldo M. Rodrigues Jr.
Ilustraciones en los capítulos son de responsabilidad de los autores de cada capítulo

Rodrigues Jr., Oswaldo M. - 1959- (org.)
Sexología Clínica y Psicoterapia /Oswaldo M. Rodrigues Jr.
— São Paulo: Instituo Paulista de Sexualidade, 2016.

ISBN-13: 978-1534784253
ISBN-10: 153478425X

1. Sexología. 2. Psicoterapia. 3. sexualidad. I. Título.

Instituto Paulista de Sexualidade
rua São Bartolomeu, 59 – Perdizes
05014-030 – São Paulo – SP
Brasil
www.inpasex.com.br

Índice

Introducción

Desde que empecé a estudiar y trabajar con cuestiones sexuales en consultorio percibí que poco de los estudios mesclaba autores de los diferentes países de Latinoamérica para que pudiera comprender toda la realidad de nuestro continente en un mismo libro.

Conmemorando 15 años, en el 2013 de nuestro **CEPES – Curso de Especialización en Psicoterapia con Enfoque en la Sexualidad**, traemos este libro que organizamos especialmente.

Así también es que estamos compartiendo con nuestros alumnos y exalumnos de los último 15 años en el InPaSex un reto de poner juntos autores de varios países e ideas sobre las cuestiones de la sexualidad y las aplicaciones en la clínica. Nuestros alumnos pasan 21 meses con nuestro grupo a estudiar y recibir informaciones y entrenamiento para recibir pacientes/clientes en sus consultorios y trabajar las quejas sexuales.

El curso siempre fue dirigido por Carla Zeglio, psicosexóloga reconocida en toda Latinoamérica por sus participaciones en docenas de congresos internacionales en diferentes países. Organizando en todos los años las clases que los alumnos van a asistir y supervisando las consultas de cada y todos alumnos!

Ahora estamos presentando las ideas compartidas en Latinoamérica para que también nuestros alumnos comprendan como se estudia estas cuestiones sexuales en otros países.

Pero más que nuestros alumnos, el InPaSex imparte estos aportes con toda Latinoamérica al publicar este libro en español.

En este momento tenemos autores de diez diferentes países de nuestro continente, y con aportes teóricos diferentes y todavía necesarios de comprender en nuestra área de actuación.

En esta obra dirigimos las cuestiones a la psicoterapia de la sexualidad, las actuaciones directas de la sexología clínica.

Esta es una segunda edición por haberse agotado la primera publicada en Brasil en 2014.

Esperamos que estas contribuciones realmente auxilien a los que trabajan en sexología en nuestra Latinoamérica.

São Paulo, febrero de 2016.

Oswaldo Martins Rodrigues Junior
Psicólogo e psicoterapeuta sexual do Instituto Paulista de
Sexualidade – InPaSex
www.inpasex.com.br

Et ignotas animum
dimittit in artes
Ovidio -
Metamorphoses, VIII, 18.

A MANERA DE PRÓLOGO
COMIENZOS DE LA SEXOLOGÍA CLÍNICA EN LATINOAMÉRICA DESDE 1980

Andrés Flores Colombino
Conferencia presentada en el XXI Congreso Mundial de Sexología (WAS), Porto Alegre 21-24 setiembre 2013.
MD Psiquiatra, Geriatra;
Sexólogo Clínico;
ex Miembro del Advisory Committee de la WAS – World Association for Sexual Health (1997-2005);
ex Presidente de la SUS - Sociedad Uruguaya de Sexología;
Presidente Honorario de la FUSEX - Federación Uruguaya de Sexología;
Ex-Presidente de la FLASSES – Federación Latinoamericana de Sociedades de Sexología y Educación Sexual (2002-2006);
Director del Centro de Documentación de la FLASSES (1980-2013);
Medalla Distinción en Sexología Latinoamericana (FLASSES, 2008);
Director Académico do IUCS (Instituto Uruguayo de Capacitación Sexológica);
Autor de 15 libros sobre Sexología.

Como todas las disciplinas clínicas, la Sexología – todavía no se la denominaba Clínica - comenzó a ser practicada en todo el mundo por médicos y psicólogos de diversas especialidades que se interesaban por los problemas sexuales y que a veces publicaban sus historias clínicas en revistas académicas o en libros.

Al comienzo...

Como no existieron inicialmente centros de entrenamiento o formación, los profesionales que atendían problemas sexuales eran autodidactas y poseedores de una competencia muy discutible, tomando en cuenta los aportes científicos sexuales que ya se poseían en los siglos XIX y XX. Ya en 1993 el alemán Rolf Gindorf (1993) denunciaba que la presencia de outsiders en la sexología clínica sería inevitable, mientras no se establecieron patrones claros de entrenamiento, graduación, evaluación en los Institutos y Sociedades, así como la inclusión de la Sexología Clínica como materia curricular en las Universidades.

Educadores sexuales y clínicos

Erwin Haeberle (1999) publicó a fines del siglo pasado una valiosa Historia de la Sexología que demuestra cómo quienes hacían educación sexual se convertían en clínicos y viceversa.

Los médicos más consultados en Latinoamérica y otras partes del mundo eran los ginecólogos y más tarde los urólogos y endocrinólogos, pues esas especialidades estudiaban algunos aspectos de la sexualidad humana y sus trastornos.

Psicoterapeutas y sexólogos

Los Psicólogos y médicos que ejercían la actividad psicoterapéutica empezaron a revelar a través de sus trabajos la importancia de la sexualidad para el desarrollo y luego el ejercicio adulto de la sexualidad, aportando interesantes observaciones clínicas sobre ciertas disfunciones sexuales y sobre las perversiones hoy llamadas parafilias. El psicoanálisis fue una escuela teórica y de formación clínica que se consideraba ideal para el abordaje y terapia de los trastornos sexuales. América latina no fue ajena a este fenómeno.

Pero hoy no vamos a hablar de los pioneros de cada país, que figuran en otra monografía.

Tampoco veremos los detalles de la evolución de cada país hasta la actualidad, que consta en otra monografía de este mismo autor.

Para esta presentación solo utilizaremos lo acontecido globalmente en la Sexología Clínica latinoamericana desde 1980.

A PARTIR DEL AÑO 1980

Cuando en marzo de 1980 nos tocó ejercer la Secretaria General de las 6as Jornadas Latinoamericanas de Sexología y Educación Sexual y 1er Congreso Uruguayo de Sexología, la Sociedad Uruguaya de Sexología apenas tenía 16 años y era la segunda vez que organizaba estas Jornadas La primera vez fueron las 2ªs Jornadas Latinoamericanas de 1964).

Quijada y Segú

Las mismas reunieron a personas que trabajaban en temas como la educación sexual, la planificación familiar y en menor medida, y la sexología clínica. Los dos pioneros que tuvieron la idea de la fundación de la FLASSES fueron el ginecólogo chileno Osvaldo Quijada Cerda+ y el médico argentino Héctor Francisco Segú+.

Nosotros fuimos "ejecutores" de la idea

Fernando Bianco y Aller Atucha (1992) nos atribuyen generosamente haber sido el 'inspirador' de la FLASSES, pero diríamos que fuimos los "ejecutores" de esa brillante idea en 1980, junto a 24 Sociedades Latinoamericanas.

Quiénes fundaron la FLASSES

1. ASOCIACIÓN ARGENTINA DE SEXOLOGÍA (AAS) - Delegados: Dr. Héctor F. Segú +, Dr. Juan Carlos Romi, Dr. Carmelo Nicotra y Dra. Ana María Zeno de Luque+.
2. ASOCIACIÓN SEXOLÓGICA ARGENTINA (ASA) - Delegados: Dr. Rubén Méndez y Prof. Pablo Astrada.
3. ASOCIACIÓN ARGENTINA DE PROTECCIÓN FAMILIAR (AAPF) - Delegado: Dr. Domingo Olivares+.
4. ASOCIACIÓN DE SEXOLOGIA DE SALTA, ARGENTINA - Delegada: Dra. Gladys Córdoba de Escandell.

5. ASOCIACIÓN ROSARINA DE EDUCACIÓN SEXUAL (ARES) - Delegada: Dra. Hilda Habichayn de Bonaparte.
6. POLICLINICO DE BERNAL, ARGENTINA - Delegado: Dr. Ricardo Angelino.
7. SOCIEDAD DE SEXOLOGIA INTEGRAL DE CÓRDOBA, ARGENTINA - Delegados: Dr. Marcelo A. Freiría+ y Dr. Carlos Lafontaine.
8. ASOCIACIÓN BOLIVIANA DE EDUCACIÓN SEXUAL (ABES) - Delegada: Dra. Guadalupe Ferreira de Erazo.
9. SOCIEDADE CIVIL BEM-ESTAR FAMILAR DO BRASIL (BEMFAM) - Delegado: Prof. Márcio Ruiz Schiavo.
10. CENTRO BRASILEIRO DE COMUNICOSSEXOLOGIA - Delegado: Lic Nuno Azambuja de Queiroga Chaves + (Brasil).
11. SOCIEDAD CHILENA DE SEXOLOGÍA ANTROPOLÓGICA - Delegados: Dr. Osvaldo Quijada Cerda +, Dr. Pedro Zuleta Guerrero, Dr. Luis Fuentealba Weber y Dra. Irma Varón Véliz.
12. INSTITUTO DE SEXOLOGÍA, CHILE - Delegados: Dr. Osvaldo Quijada Cerda + y Dr. Juvenal Salas Vieyra.
13. ASOCIACIÓN CHILENA DE PROTECCIÓN DE LA FAMILIA (APROFA) - Delegado: Dr. Huberto Berg Fontecilla.
14. ASOCIACIÓN PRO BIENESTAR DE LA FAMILIA ECUATORIANA (APROFE) - Delegado: Dr. Francisco Rovira Suárez.
15. INSTITUTO PERUANO DE PATERNIDAD RESPONSABLE (INPPARES). Delegada: Lic. Teresa Giunta Bergna.
16. UNIVERSIDAD DE SAN AGUSTIN, AREQUIPA, PERÚ - Delegado: Dr. Azael Paz Vargas.
17. SOCIEDAD PARAGUAYA DE SEXOLOGÍA CLÍNICA Y EDUCACIÓN SEXUAL - Delegados: Dr. Oscar Sapena Pastor y Dr. César Manuel Sisa.
18. INSTITUTO DE INVESTIGACIÓN EN CIENCIAS DE LA SALUD (IICS) - Delegado: Dr. César Manuel Sisa.

19. SOCIEDAD URUGUAYA DE SEXOLOGÍA (SUS) - Delegados: Dra. Olga Camacho de Osorio (Presidenta)+, Lic. Lino Chalela, Dr. Andrés Flores Colombino, Obst. Justa Turias Goimil y Dr. Bernardo Ejgenberg.

20. ASOCIACIÓN URUGUAYA DE PLANIFICACIÓN FAMILIAR Y ESTUDIOS DE LA REPRODUCCIÓN HUMANA (AUPFIHR) - Delegados: Dr. Ricardo Morel, Dr. Francisco Lozoya, Dr. José Enrique Pons, Dra. Margarita Serra, Obst. Elvira Lutz.

21. SOCIEDAD DE GINECOLOGÍA Y PEDIATRÍA INTEGRADAS DEL INTERIOR, URUGUAY (SOGIPERI) - Delegados: Dr. Juan Carlos Reynés.

22. CENTRO DE INVESTIGACIONES PSIQUIÁTRICAS DE VENEZUELA (CIPV) - Delegados: Dr. Psic. Juan José Moles.

23. COMITÉ REGIONAL DE EDUCACIÓN SEXUAL PARA AMÉRICA LATINA Y EL CARIBE (CRESALC) - Delegados: Prof. Arnaldo Gomensoro.

24. FEDERACIÓN INTERNACIONAL DE PLANIFICACIÓN DE LA FAMILIA (FIPF) - Observadores: Dr. Hermógenes Alvarez y Lic. Leonel Valdivia.

25. SOCIEDAD COLOMBIANA DE SEXOLOGIA (SCS) - Delegados: Pte Dr. Helí Alzate.

Antes y después de la FLASSES

El impacto de la fundación de la FLASSES fue muy considerable para la Sexología continental.

Primero, las Jornadas se transformaron en Congresos Latinoamericanos de Sexología (CLASES) y se realizaron no solo al sur del subcontinente, sino en todos los países del mismo, cada dos años, Solo quedan pendientes los demás países caribeños excepto Cuba y Bolivia pero algunos países ya han organizado el CLASES en dos ocasiones, como Uruguay, Venezuela y Brasil. Así, se recorrió con sus Presidentes de los Comités Organizadores:

1° - Asunción del Paraguay (1982) - Dr. Oscar Sapena Pastor.

2º - Lima, Perú (1984) - Lic Teresa Giunta Bergna.

3º - Caraballeda, Venezuela (1986) - Dr. Fernando Bianco Colmenares.

4º - Buenos Aires Argentina (1988) - Dr. Domingo Olivares (+).

5º - Cartagena, Colombia (1991) – Psic. Octavio Giraldo Neira.

6º - Belo Horizonte, Brasil (1992) - Dr. Gerson Pereira Lopes.

7º - La Habana, Cuba (1994) - Dr. Celestino Álvarez Lajonchére (+).

8º - Montevideo Uruguay (1996) - Lic. Lilián González Moscato.

9º - México, México (1998) - Dr. Eusebio Rubio Aurioles.

10º - Cuzco, Perú (2000) - Psic. Luis Oswaldo Pérez Flores.

11º - Margarita, Venezuela (2002) - Lic. Aminta Parra Colmenares.

12º - Santiago de Chile (2004) – Psic. Roberto Rozensvaig.

13º - Salvador de Bahía, Brasil (2006) - Dr. Ricardo Cavalcanti.

14º - Guayaquil, Ecuador (2008) - Dr. Rodolfo Rodríguez Carrión (+).

15º - Alicante, España (2010) - Lic. Antonio Casaubón Alcaraz.

16º - Medellín, Colombia (2012) - Lic. Elizabeth Gutiérrez Florez.

17º - Republica Dominicana (2014) - Dr. Rafael García Álvarez.

Un lugar para la Sexología Latinoamericana

Segundo, los CLASES no se tratan solo de un gran Congreso nacional, de acuerdo a la sede, con algunos extranjeros, sino que en muchas ocasiones estos últimos superaron en número a los locales.

Tercero, Latinoamérica tendría por fin su lugar para intercambiar nuevos aportes con colegas de otros continentes, - pues se incorporaron a la FLASSES algunas Sociedades importantes de España y Portugal - y entre los latinoamericanos de otros países y aun del propio país de pertenencia. Las incomunicaciones locales a consecuencia de la competencia profesional suelen crear estas situaciones. Un hecho interesante a destacar es que de los 17 Presidentes de los CLASES, 16 son

Sexólogos Clínicos, y solo Teresa Giunta, Presidenta del 2º CLASES es Educadora sexual.

La Sexología Latinoamericana

Casi todos los países han celebrado su primer Congreso Nacional de Sexología, alguno de los cuales ya han alcanzado la edición número X o más como Perú, Brasil, Uruguay y Venezuela o XIV como la SASH Argentina. Además de las Sociedades están afiliadas a la FLASSES, también lo están en buen número a la WAS – World Assocation for Sexual Health.

Quién es quién en Sexología

Los sexólogos clínicos de LA - En 1986, con Fernando Bianco como Editor para América Latina (Bianco et al 1986) se publicó en San Francisco la 1ª (y única) edición del "International Who's Who in Sexology", valioso documento donde aparecen alfabéticamente por país: En total, solo 35 latinoamericanos eran registrados por "Who's Who in Sexology" en el 1986 quienes practicaban la Sexología Clínica:

5 argentinos: Laura Caldiz, Eva Giberti, León Gindin, Juan Carlos Kusnetzoff y Juan Carlos Romi;

11 brasileños: Rosires Pereira Andrade, Maria Luiza Macedo Araújo, Dorina Epps, Roberto Farina, Sérgio Luiz Gonçalves Freitas, Gilda Bacal Fucs, Maria Helena Matarazzo, Arletty Cecilia Pinel, Araguari Chalar Silva, Maria do Carmo de Andrade Silva y Marta Suplicy;

3 colombianos: Helí Alzate, Rubén Ardila y Octavio Giraldo-Neira;

1 dominicana: Rosa Rita Álvarez Khouri;

4 mexicanos: Juan Luis Alvarez-Gayou, Francisco, Delfin Lara, Anamely Monroy, Delia Sánchez;

1 paraguayo: Oscar Sapena Pastor;

1 peruano: Víctor Soto Cáceres;

3 uruguayos: Andrés Flores Colombino, Sergio Ibarburu Giani, Maria Mastrascusi Montano, y

8 venezolanos: Conchita Sánchez Bianco, Fernando J. Bianco, Blanca Canabal, Ricardo Castro, José Hermes García, Rubén Hernández-Serrano, Marisol Arias Linares, Juan José Moles.

Años de dedicación a la Sexología Clínica

Es un registro insuficiente pero fue el primero. Según declaraciones de los registrados, constan los años de dedicación clínica a la Sexología Clínica. Por mencionar solo a los que declararon más años de ejercicio en clínica sexológica tenemos a:

Dorina Epps psicoanalista brasileña declara 30 años,

Eva Giberti de Argentina y Roberto Farina de Brasil, 20 años;

Juan Carlos Romi de Argentina y Gilda Bacal Fucs de Brasil, 16 años;

Oscar Sapena Pastor de Paraguay y Andrés Flores Colombino de Uruguay, 15 años;

Juan Luis Álvarez Gayou de México y Rubén Hernández Serrano de Venezuela, 14 años;

Fernando Bianco de Venezuela 13 años;

Araguari Chalar Silva, Maria do Carmo de Andrade Silva, Marta Suplicy de Brasil y Víctor Soto Cáceres de Perú, Helí Alzate y Rubén Ardila de Colombia 10 años.

El resto de los profesionales declaró menos de 10 años de ejercicio.

Cinco acontecimientos.

Cinco acontecimientos de los años 1992 y 1996 son muy destacables para la profesionalización de los Sexólogos Clínicos latinoamericanos.

1°) El 26 de agosto de 1992, en ocasión del 6° Congreso Latinoamericano de Sexología en Belo Horizonte, Brasil, la Asamblea de la FLASSES aprobó la propuesta del Comité Ejecutivo presidido por el Dr. Ricardo Cavalcanti, la Vice Presidencia 1° del Dr. Fernando Bianco, la Vicepresidencia 2ª del Dr. Héctor Segú, la Secretaría General de Luis María Aller Atucha y la Tesorería del Dr. Nelson Vitiello, una lista de 31 profesionales para su acreditación como Especialistas en Sexología Clínica y/o Educación sexual. La Resolución tiene el N° 13 que consta en los Archivos de la FLASSES. Los profesionales acreditados "por su reconocida trayectoria y prestigio en el campo de la sexología" fueron:

Argentina: Dr. Héctor F Segú+, Dr. León Roberto Gindín, Lic. Laura Caldiz, Dr. Juan Carlos Kusnetzoff, Lic Luis Maria Aller Atucha, Dr. Juan Carlos Romi y Lic. Mirta Granero.

Brasil: Dr. Ricardo Cavalcanti, Lic Márcio Ruiz Schiavo, Psic. Araguarí Chalar Silva, Dr. Nelson Vitiello+ y Dr. Gerson Pereira Lopes.

Colombia: Psic. Octavio Giraldo Neira, Lic. María Ladi Londoño y Dra. Cecilia Cardinal de Martin+.

Cuba: Dr. Celestino Álvarez Lajonchére+, Dra. Yodalia Leiva y Dr. Celestino Vasallo.

República Dominicana: Dra. Mildred Herrera de Báez, Dra. Carmen Mariz Castillo y Dr. Rafael García.

Perú: Dr. Miguel Exebio Exebio, Dr. Artidoro Cáceres Velázquez.

Uruguay: Dr. Andrés Flores Colombino, Dr. Bastón Boero y Dra. Stella Cerruti Basso.

Venezuela: Rubén Hernández Serrano, Dr. Fernando Bianco Colmenares, Dra. Elisa Jiménez, Dra. Aminta Parra y Dr. Miguel Guevara Madrid.

Manual Diagnóstico desde 1992
2°) La misma Asamblea de la FLASSES de Belo Horizonte de 1992 aprobó el "Manual Diagnóstico de las Enfermedades en Sexología" propuesto por al Dr. Fernando Bianco, que serviría de base para ordenar las patologías médicas en torno a criterios que el Centro de Investigaciones Psiquiátricas y Sexológicas de Venezuela había establecido y ofrecía generosamente a sus colegas de la FLASSES. El Comité de Nomenclatura debía analizar y proponer ajustes si fuera necesario. Integrado por Fernando Bianco, León Roberto Gindín, Laura Caldiz, Adrian Sapetti y Eusebio Rubio y otros 17 sexólogos latinoamericanos

15

consultados, permitió una 2ª Edición en setiembre de 2008 con 188 citas bibliográficas.

Es un aporte interesante que como toda propuesta de cambio, produce ricas recreaciones hasta la fecha.

Código de Ética

3°) En la asamblea de la FLASSES durante el 8° CLASES, el 10 de noviembre de 1996 en Montevideo, se aprueba el Código de Ética de cuatro grandes Capítulos que regulan la actividad profesional en los múltiples aspectos que la actividad puede ser conflictiva, redactado por un equipo de sexólogos liderados por la Lic. María Luisa Lerer y asesoría jurídica. Por su enjundia, ha sido adoptado por la WAS. Y está en permanente revisión.

Acreditaciones desde hace 17 años

4°) En la misma asamblea de 1996, se aprueban los Reglamentos de Acreditaciones para Especialista en Sexología Clínica y para Especialista en Educación Sexual. El equipo de redacción estuvo liderado por la Lic. Mirta Granero. El correspondiente a los Sexólogos Clínicos, establecía quiénes se podían presentar a aspirar su acreditación (médicos y psicólogos con 5 años de ejercicio profesional ininterrumpido o un Curso de no menos de 300 horas. La ponderación de antecedentes es muy cuidadosa y preserva que la acreditación esté documentada y otorgue a los especialistas latinoamericanos una garantía y amparo para su ejercicio profesional.

El Comité de Acreditaciones de la FLASSES fue ocupado por importantes sexólogos y en la actualidad (2010-2014) está integrado por la Lic. Psic. Diana Resnicoff (Argentina), Lic. Psic. Nelssy Bonilla (Colombia), Dra. Alicia Garzón (Ecuador), Dr. Miguel Sira (Venezuela) y Psic. Rosenilda Moura da Silva (Brasil). Se renueva cada 4 años.

Catálogos Latinoamericanos de Publicaciones Sexológicas

5) El Catálogo Latinoamericano de Publicaciones Sexológicas. Publicado por la Secretaría Permanente de la FLASSES desde el

año 1982 se comenzó a registrar todos los trabajos que los propios autores enviaban para su registro, impreso en papel, en un principio, lo que llegó a ocupar un enorme volumen de espacio, y obligó al registro electrónico con datos de correo o web del o los autores, con el objeto que los interesados pudieran recurrir directamente a los autores y negociar su publicación o utilización como referencia en las monografías de Cursos o en la presentación de trabajos a Congresos o libros. No todos los trabajos son de Sexología Clínica, pero estimamos que son un 50 % del acervo del Centro. El valor que este Centro tiene para la Sexología Clínica Latinoamericana y mundial, no está en nosotros establecerlo, pues nos corresponden implicancia por ser los compiladores.

15 Catálogos de 1980 a 2013

Hasta la actualidad (2013) Tenemos publicados o en proceso, 15 tomos de los Catálogos

Periodo	Catálogo	N° Entradas
1980-1982	- 1	- 1.913
1983	- 2	- 885
1984	- 3	- 1.428
1985	- 4	- 739
1986	- 5	- 881
1987	- 6	- 734
1988	- 7	- 686
1989 – 1992	- 8	- 1.687
1992 - 1994	- 9	- 737
1995 - 1997	-10	- 1.322
1998	-11	- 1.075
1999 - 2002	-12	- 2.326
2003 - 2006	-13	- 1.689
2006 - 2010	-14	- 3.381
2011 - 2013	-15	- 2.073
1980 - 2013		**21.561**

Colaboradores del Centro de Documentación de la FLASSES.
Encargado Dr Andrés Flores Colombino
Dra. Sylvia Spinosa y Cristina Tania Fridman de Argentina
Psic. Dr. Oswaldo Martins Rodrigues Jr, Prof. Dr. Sidney Glina y
Psic. Raquel Varaschin de Brasil,
Psic. Elizabeth Gutiérrez Florez y Psic. José Manuel González de
Colombia
Dra. Maria del Carmen Vizcaíno de Cuba
Dra. Magdalena Rivera Becker de Chile
Prof. Ariel González Galeano y Oscar Sapena Pastor (h) de
Paraguay
Dra. Magdalena Joubanoba de Uruguay
Dra. Rosaurora Cárdenas, Dr. Fernando Bianco, Dr. Edinson
Pazmiño y Dr. Jesús Rivero de Venezuela

Revistas de Sexología en LA
La publicación de Revistas de Sexología, como la cubana
"Sexología y Sociedad", la venezolana "Sexología", la mexicana
"Archivos Hispanoamericanos de Sexología", la argentina
"Revista SASH de Sexualidad", las brasileñas "Revista Brasileira
de Sexualidade Humana" (director Dr. Nelson Vitiello+),
"Arquivos H. Ellis" (eletrónica, Director Prof. Dr. Sidney Glina)
y "Terapia Sexual" (Diretores Prof. Ms. Psic. Oswaldo Martins
Rodrigues Junior y Prof. Psic. Sex. Carla Zeglio), la "Revista
Uruguaya de Sexología" al igual que la colombiana "Revista
Latinoamericana de Sexología" de la FLASSES cumplen y
cumplieron importante labor al publicar los trabajos de los
sexólogos clínicos de cada país y la región.

Sexologia on Line
FLASSES On Line, la revista mensual electrónica
institucional desde el Noviembre de 1998, es muy importante para
la Federación y sus miembros, hoy día dirigida por la Dra. Sylvia
Cavalcanti. También Mensualmente la Dra. Teresita Blanco
dirige el boletín *on line* Cursos FLASSES Noticias desde 2012.

El "Sexologia Notícias" publicado *on line* semanalmente por Oswaldo Rodrigues Jr, en Sao Paulo por el *Instituto Paulista de Sexualidade,* para más de 28 miles de suscriptores, llegó en agosto de 2014 al N° 300, las más consecuente y enjundiosa publicación de su tipo.

"Noti SASH" desde Argentina fue dirigida por Alicia Cortejarena y ahora por Diana Resnicoff.

"Noti SUS" desde Uruguay, "Sexología y Sociedad" desde Cuba y muchos blogs, links y redes sociales que son muy útiles para la comunicación en tiempo real entre los sexólogos.

Las nuevas Federaciones:

Primero la Academia Internacional de Sexología Médica (AISM) impulsada por el Dr. Rubén Hernández Serrano, su primer Presidente en el 2003, contó por unos años con la participación de académicos latinoamericanas, españoles y portugueses. Se fueron sumando otras nacionalidades norteamericanas y europeas.

La *International Society for Sexual Medicine* (ISSM), con su brazo Latinoamericano SLAMS también surgió como continuación a la SLAI (Sociedad Latinoamericana de Impotencia), instituciones apuntaron mucho más a la sexología médica que a la psicoterapia sexual.

La ALAPISEX – Asiciación Latinoamericana de Psicólogos Sexólogos - que se fundara hacia el año 1998 que reunía a los psicólogos sexólogos latinoamericanos presidida por la Lic. Aminta Parra Colmenares, con la Secretaria General de Oswaldo Rodrigues Jr., no ha tenido continuidad, como las organizaciones dirigidas e integradas por médicos.

La propia WAS - *World Association for Sexology* - cambió de nombre en el año de 2005, hecho significativo: se re denominó como WAS - World Association for Sexual Health.

La Sexología crece

Se multiplicaron las Asociaciones nacionales de sexología y la FLASSES, las Academias, la Sexología Médica nacional

19

latinoamericana y mundial, las Cátedras de Sexología Clínica de las Universidades públicas, de las Institutos privados y de las propias sociedades científicas que dictan Cursos como cometido principal.

El futuro: los jóvenes sexólogos

Todo este andamiaje académico y corporativo ha dado a luz a una brillante generación de jóvenes sexólogos, que los más viejos nos preocupamos de orientar y de escuchar.

Bibliografía consultada

Aller Atucha, LM, Bianco Colmenares FJ, Rada Cadenas D (1994). PERSPECTIVA HISTORICA DE LA EDUCACIÓN SEXUAL Y LA SEXOLOGIA CLINICA EN AMERICA LATINA, Ed. FLASSES, La Habana, 20 pp.

Álvarez Gayou JL, Mazin R (1979). TERAPIA SEXUAL EN MEXICO Y LATINOAMÉRICA; En su:"Elementos de Sexología", p.105-111, NE Interamericana, México.

Bianco F, Haroian L, Wagner W (1986).INTERNATIONAL WHO'S WHO IN SEXOLOGY, Specific Press, San Francisco.

Bianco C FJ (1988). MANUAL DIAGNOSTICO DE LAS ENFERMEDADES EN SEXOLOGIA, Imp.EGM, Caracas. 162 p.

Bianco C FJ (2008) MANUAL DIAGNOSTICO DE LAS ENFERMEDADES EN SEXOLOGIA, FLASSES, Caracas. 189 p.

Cavalcanti RC (1992). ALGUNS ASPETOS DA HISTORIA DA SEXOLOGIA NO BRASIL, Revista Brasileira de Sexualidade Humana 3(1): 56-65.

Díaz Bruzual A (2010). PROLOGO En: "Sociedad Venezolana de Sexología Médica 25 Años 25 Autores" - p 35-43, Talleres Gráficos Pub. Vlangel CA, Caracas.

Flores Colombino A (Comp) (1982-2013). CATALOGOS LATINOAMERICANOS DE PUBLICACIONES SEXOLOGICAS, N°S 1 AL 15, Montevideo.

Flores Colombino A (1989). LA EDUCACION SEXUAL EN EL MUNDO Y LATINOAMÉRICA, En su: "Educación Sexual" Cuadernos de Sexologia N°1 10, p.47-68, Imp. Punto Laser, Montevideo.

Flores Colombino A (2002'). SEXOLOGÍA CLÍNICA. SU HISTORIA Y PERSPECTIVAS. Conf. 1er Congreso Chileno de Sexología y Educación Sexual, Santiago de Chile, 22-24 ago.

Flores Colombino A (2010). SOCIEDAD URUGUAYA DE SEXOLOGIA ¡45 AÑOS! Conferencia. I Día Nacional de la Sexología, Palacio Legislativo, Montevideo 9 de abril.

Flores Colombino A (2013). BREVE HISTORIA DE LA FEDERACIÓN LATINOAMERICANA DE SOCIEDADES DE SEXOLOGÍA Y EDUCACIÓN SEXUAL, FLASSES, Montevideo, diciembre 2012

Giami Alain, Russo Jane (2013). THE DIVERSITY OF SEXOLOGIE IN LATIN AMERICA: EMERGENCE, DEVELOPMENT AND DIVERSIFICATION, Int. J. of Sexual Health 25(1):1-12, march.

Gindorf R (1993). SEXOLOGY AS A PROFESSION, Haeberle & Gindorf (1993): "Sexology Today. A brief introduction", 25-39, DGSS, Düsseldorf, Germany.

Haeberle Erwin J, Gindorf Rolf (1993). SEXOLOGY TODAY. A BRIEF INTRODUCTION, DGSS, Düsseldorf, Germany.

Haeberle Erwin J (1999). HISTORY OF SEXOLOGY, In WAS-RKI: "Sexology world – wide"pp13-29, Hong Kong.

Sociedad Venezolana de Sexología Médica (2010). LOS PRIMEROS VEINTICINCO AÑOS (1964-2009), En su: "Sociedad Venezolana de Sexología Médica 25 Años 25 Autores" p 17-21, Talleres Gráficos Pub. Vlangel CA, Caracas.

The Institute for Advanced Study of Human Sexuality (1986). INTERNATIONAL WHO'S WHO IN SEXOLOGY, Fernando Bianco, Loretta Haroian, Gorm Wagner (Eds), Specific Press, 1ª, San Francisco EUA.

World Association for Sexology – Robert Koch Institute (1999). SEXOLOGY WORLD-WIDE. A DIRECTORY OF RESOURCES, Hong Kong. 239 pp.

21

Presentación de los autores

Adrián Sapetti

Médico especialista en psiquiatría; psicoterapeuta y sexólogo clínico.
Director del Centro Médico Sexológico (Buenos Aires - Argentina).
Ex Presidente y actual tesorero de la Sociedad Argentina de Sexualidad Humana (SASH).
Ex-Vicepresidente 2 de la Federación Latinoamericana de Sociedades de Sexología y Educación Sexual (FLASSES).
Miembro del Comité Editor de la Revista de la Sociedad Argentina de Sexualidad Humana (SASH).
Director de la página de internet: www.sexovida.com
Autor entre otros libros de:
"Confesiones Íntimas", "Loucura y Arte". "Derecho al Goce"
Docente invitado en la Universidad Diego Portales (Chile), en la Facultad de Medicina de la Universidad de Porto (Portugal), en la Universidad de Santander (Colombia), en la Universidad Barceló, Universidad Favaloro, Universidad Interamericana y en la UBA.

Aleida Heinz

La Dr^a. Aleida Heinz tiene un Post-Doctorado (Ph.D.) en Sexualidad Humana del Institute for Advanced Study of Human Sexuality (IASHS), es Sexólogo Certificada por The American College of Sexologists (ACS), y miembro de AASECT quien se especializa en el enriquecimiento sexual e íntimo de personas en diferentes tipos de relación. Tiene una Maestría en Sexología y Consultoría Clínica de Parejas del Centro de Investigaciones Psiquiátricas, Psicológicas y Sexológicas de Venezuela (CIPPSV), una Licenciatura en Ciencias Familiares y Psicología de la Universidad de Brigham Young University, además tiene estudios de Psicología Analítica del Instituto Jungiano de Psicología Profunda y entrenamiento en Terapia Racional-Emotiva-Conductual (TREC) del Instituto Ellis. Ella ha practicado la consulta privada por 15 años en Caracas, Venezuela y ahora en la ciudad de Charlotte, Carolina del Norte, USA.

Alfonso Aguirre

Psicólogo Sexólogo; Puebla, Pue. México - www.sexologoalfonsoaguirre.com
Licenciatura en Psicología, Benemérita Universidad Autónoma de Puebla, (BUAP) México

Maestría en Ciencias Sociales, Especialidad en Sociología, Benemérita Universidad Autónoma de Puebla, (BUAP) México

Maestría en Sexualidad y Género, Universidad de la Laguna, Islas Canarias, España

Diplomado en Sexología Educativa, Benemérita Universidad Autónoma de Puebla, (BUAP) México

Diplomado en Sexología Clínica, Benemérita Universidad Autónoma de Puebla, (BUAP) México

Título de Psicólogo Sexólogo, por la Asociación Latinoamericana de Psicólogos Sexólogos (ALAPSISEX), Brasil

Educador en Sexualidad, Certificado por el "Consejo de Calificación en Educación Sexual y Sexología de México" (CAPSEX)

Carla Zeglio

Directora do Instituto Paulista de Sexualidade – psicoterapeuta sexual y de parejas.

- Educadora Sexual y Terapeuta Sexual – reconocida por SBRASH y FLASSES

- coEditora de la revista *"Terapia Sexual: Clínica- pesquisa e aspectos psicossociais"* – Editada por el Instituto Paulista de Sexualidade desde 1998.

- Coordinadora del CEPES - *Curso de Especialización em Psicoterapia con Enfoque en la Sexualidad del Instituto Paulista de Sexualidade* – INPASEX desde 1998.

- conferencista internacional, organiza cursos y oficinas sobre el papel delo psicólogo en el trabajo con la sexualidad e consultorio, en terapia de parejas y terapia sexual.

- autora de los libros em portugués:

- *Amor e sexualidade – como sexo e casamento se encontram.* São Paulo, Iglu Editora, 2007.

- *Relações conjugais.* Editora Zagodoni: São Paulo, 2013.

Diego Henrique Viviani

Psicólogo Licenciado por la Universidad Paulista (UNIP).
Especialista en Psicoterapia con Enfoque en la Sexualidad por el CEPES -
Curso de Especialización en Psicoterapia con Enfoque en la Sexualidad.
Miembro investigador del GEPIPS - Grupo de Estudios e Investigaciones del
Instituto Paulista de Sexualidade.
Miembro docente del Curso Básico de Terapia Cognitivo-Comportamental de
Parejas del Instituto Paulista de Sexualidade (InPaSex).

Elda Elena Bartolucci

Psicóloga egresada de la Universidad Nacional de Mar del Plata- Argentina, en
el año 1977
Egresada del Curso de Capacitación en Sexología y Educación
Sexual, dictado por el Dr.Héctor Segú, de la Escuela Argentina de Sexología
en 1979
Sexóloga clínica acreditada por FLASSES en el año 1998

Es Directora del Instituto de Educación Sexual de Mar del Plata- Argentina
Fundadora de la Asociación Marplatense de Sexología y Educación Sexual (AMSYES)
Presidió la misma hasta su disolución
Dicta Cursos de Capacitación en Sexología y Educación Sexual, de manera presencial y por Educación a Distancia
ES docente de Educación Sexual en los todos los niveles de enseñanza
Es referente local y nacional, para los medios de comunicación tanto en nivel radial y televisivo, como para prensa escrita,
Ha publicado el libro "Yo hablo de sexo, y Usted?"
Fue integrante de la Comisión Directiva de AASES

Hugo Armando Zelada Salón

Psicólogo por la Universidad Nacional Mayor de San Marcos.
Psicoterapeuta gestáltico con mención en jóvenes, adultos y pareja por el Instituto Peruano de Psicoterapia Gestalt – IPPG.
Psicoterapeuta en sexualidad por el Centro Psicológico y Estudios en Sexualidad – CEPESEX.
Miembro de la Junta Directiva con el cargo de Vocal en el Instituto Peruano de Paternidad Responsable – INPPARES.
Docente colaborador en los cursos: Psicología Comunitaria, Psicología Preventiva y Formulación de proyectos psicosociales de la Facultad de Psicología de la Universidad Nacional Mayor de San Marcos.
Consultor en temas de sexualidad para ONG´s. Escritor de artículos sobre sexualidad.
Docente de diversos temas en sexualidad. Docente principal del II Círculo de Estudios Psicología y Sexualidad de CEPESEX y Docente auxiliar del Curso Formativo en Sexualidad de CEPESEX.
Actualmente se desempeña como parte del equipo del Departamento de Sexualidad en CEPESEX, elaborando, coordinando y supervisando las diversas actividades que desarrolla el área.
e-mail: info@cepesex.org
http://www.cepesex.org/

Itor Finotelli Jr.

Psicólogo, Doctor en Evaluación Psicológica, psicoterapeuta sexual, miembro investigador del GEPIPS – Grupo de Estudios e Investigaciones del InPaSex (Instituto Paulista de Sexualidade).
Director Secretario General de la SBRASH – Sociedade Brasileira de Estudos da Sexualidade.

Juan Lejárraga Vera

Profesor de sexología y co-coordinador del programa de Sexología Avanzada en el Instituto de Sexología Incisex (Madrid).
Es miembro de la Asociación Estatal de Profesionales de la Sexología; fue el editor de publicaciones entre 2010 y 2012.
Ha publicado Asesoramiento sexológico: claves metodológicas (2011) en la Revista Española de Sexología.
Su cuenta de sexología en twitter es @heroedesillon. Actualmente codirige el blog "sexología en redes sociales".

Maria del Carmen Rodolico

Psicóloga UBA - Sexóloga Clínica
Miembro del GEPIPS – Grupo de Estudios e Investigaciones del InPaSex – Instituto Paulista de Sexualidad
Grupo de Atención a Personas Transexuales –Hospital C. Durand.
Blog: http://rodolico.wordpress.com
e-mail: psimcrodolico@yahoo.com.ar

Oswaldo M. Rodrigues Jr.

- Maestría en Psicología Social - PUC/SP.
- Director y Psicoterapeuta sexual del *Instituto Paulista de Sexualidade* desde 1996
- Secretario General de la *FLASSES – Federación Latinoamericana de Sociedades de Sexología y Educación Sexual* (1998-2002)
- co-coordinador del *CEPES – Curso de Especialización en Psicoterapia con Foco en la Sexualidad – Instituto Paulista de Sexualidade* desde 1999;

29

- actuó en el Consejo Consultivo de la *WAS – World Association for Sexual Health* – 2001-2009, como Secretario General/Tesorero (2001-2005); y miembro del Comité Científico Internacional (2001-2011).
- miembro del Consejo Consultivo de la *ABEIS – Associação Brasileira para o Estudo da Inadequação Sexual* (desde 1987), actuó como Secretario General (2001-2003) y Presidente (2003-2005)
- Presidente de la *SBRASH – Sociedade Brasileira de Estudos em Sexualidade Humana* – 2005-2007, en la cual participo de la Directiva del 1991 hasta 2009
- Director de *ALAMOC – Asociación Latinoamericana de Modificación del Comportamiento y Terapias Cognitivo-comportamentales* (2010-2014); Asesor de Publicaciones (2015-2019)
- Editor en Jefe de la revista *Terapia Sexual* desde 1998;
- coordinador de investigaciones del *GEPIPS – Grupo de Estudios y Investigaciones de InPaSex*;
- Autor de 28 libros publicados en Portugués
- Autor de 14 libros en español
- Autor de otros 27 capítulos en libros de psicología, medicina o sexualidad.
http://www.oswrod.psc.br
http://www.inpasex.com.br

Pedro Briceno
El Dr.Pedro Briceño tiene un Post Doctorado (Ph.D.) en Sexualidad Humana del Institute for Advanced Study of Human Sexuality (IASHS), es Sexólogo Certificado por The American College of Sexologists (ACS), y miembro de AASECT quien se especializa en sexualidad masculina. El tiene una Maestría en Administración de Escuela y una Licenciatura en Arte de The University of North Carolina at Charlotte. El Dr.Briceño es un educador, instructor, coach y estudiante de por vida. Él es un energético orador Español Inglés cuyo principal objetivo siempre ha sido ayudar a las personas a alcanzar sus sueños. Dr.Briceño ha trabajado en el sector público y privado en los últimos veinte años. Hoy en día, el Dr.Briceño, vive y trabaja en el área de Charlotte, Carolina del Norte, USA.

Roberto Rosensvaig

Psicólogo y sexólogo nascido en Argentina que adoptó Chile donde vive en Santiago y trabaja con parejas y cuestiones de la sexualidad, autor de varios libros y organizó el Congreso Latinoamericano de Sexología y Educación Sexual en Santiago de Chile en 2004.

Samuel Díez Arrese

Profesor de sexología y cocoordinador del programa de Sexología Avanzada en el Instituto de Sexología Incisex (Madrid).

Tras concluir sus estudios en sexología se especializó un año en sexología clínica en Biko Arloak (Bilbao) y realizó un máster en investigaciones feministas con la Universidad Complutense en Madrid.

Es miembro de la Asociación Estatal de Profesionales de la Sexología siendo durante los años 2010 y 2011 miembro de su junta directiva.

Ha publicado Asesoramiento sexológico: claves metodológicas (2011) y Focalización sensorial y marco sexológico: una propuesta (2012) en la Revista Española de Sexología y es autor de varios artículos, comunicaciones y ponencias en jornadas y congresos.

Actualmente también codirige el blog "sexología en redes sociales".

**Vicente Gascón García**
Licenciado en Psicología por la Universidad de Valencia (1982).
Máster en Sexología y Psicoterapia Integradora (1999). Maestría en Reiki Usui Shiki Ryoho (2010). Formador para la Escuela Valenciana de Estudios de la Salud y otras Entidades Públicas desde 2001. Orientador, terapeuta y coordinador de cursos en el Teléfono de la Esperanza de Valencia (2002 a 2011). Programa de radio semanal sobre Sexualidad y Salud, desde 2001.
www.espaiterapeutic.com
http://espaiterapeutic.blogspot.com/
https://www.facebook.com/#!/vicentegasgar
http://esculturarteobjeto.blogspot.com.es/

Víctor Armando Vásquez Maza
Psicólogo por la Universidad Nacional Mayor de San Marcos. Psicoterapeuta gestáltico con mención en jóvenes, adultos y pareja por el Instituto Peruano de Psicoterapia Gestalt – IPPG. Psicoterapeuta en sexualidad por el Centro Psicológico y Estudios en Sexualidad – CEPESEX. Docente colaborador en el curso: Metodología de investigación cualitativa de la Facultad de Psicología de la Universidad Nacional Mayor de San Marcos.
Consultor en temas de sexualidad para ONG´S y gobiernos locales.
Investigador en tópicos de sexualidad. Escritor de artículos sobre sexualidad. Docente principal del Curso Formativo en Sexualidad de CEPESEX. Ponente nacional e internacional en diversas actividades académicas sobre sexualidad. Autor del modelo sistémico de la estructura y dinámica de las identidades sexuales.
Actualmente se desempeña como Director en Sexualidad de CEPESEX, gestionando planes y proyectos clínicos y educativos en sexualidad de la institución. Promotor del Servicio Diferenciado LGTB de CEPESEX y autor de diversos programas educativos en sexualidad.
http://facebook.com/Vict0r22
e-mail: info@cepesex.org
http://www.cepesex.org/

La terapia sexual de Masters y Johnson en el siglo XXI.
Invitación a una sexología clínica más sexológica

Samuel Díez Arrese
Juan Lejárraga Vera
Sexólogos y
Profesores en el Máster en sexología del Instituto de sexología
Incisex
Universidad de Alcalá - Madrid.

La publicación en 1970 de *Human Sexual Inadequacy*[1] de Masters y Johnson marca un antes y un después en la comprensión científica y el abordaje profesional de las insatisfacciones producidas por algunas de las dificultades y problemas más comunes que pueden surgir en los encuentros eróticos entre los sexos, hombres y mujeres.

Si bien, obviamente, no es la primera obra dedicada a estos asuntos[2], sí se trata de la primera gran investigación organizada y sistematizada -léase científica- sobre la intervención en las dificultades entre los sexos, lo que la convirtió en la obra fundacional de un campo de intervención profesional que se denominará *sex therapy* (Irvine, 2005:143).

Su influencia se extiende también a otras disciplinas de mayor visibilidad y peso académico.

---

[1] Infelizmente traducida al español como *Incompatibilidad Sexual Humana* en vez de *Inadecuación Sexual Humana* o, cuando menos, *inadaptación*.

A consecuencia de ello, se ha ido extendiendo una imagen de la *sex therapy* con tan diversas caras que, con el transcurrir de los años, se ha logrado desdibujar la propuesta inicial de Masters y Johnson (Amezúa, 2001).

No es fácil explicar a qué se deben estas distorsiones en la comprensión y presentación de las ideas de Masters y Johnson, aunque nos gustaría apuntar algunas pistas que encontramos relevantes. Quizá la hipótesis más sólida que las aglutina sea la de la ruptura, tras la segunda guerra mundial, del hilo histórico con los sexólogos europeos de la primera generación: Iwan Bloch, Havelock Ellis, Albert Moll, Magnus Hirschfeld, Auguste Forel, Gregorio Marañón... (Amezúa, 1992).

La destrucción de la sexología en Alemania[3] tras el ascenso nazi ya se ha estudiado, especialmente resaltando el origen judío de la mayoría de sus miembros (Haeberle, 1981, 1982); creemos, sin embargo, que no se ha hecho hincapié en las consecuencias lingüísticas.

Tras su derrota en la II Guerra Mundial, como recuerda Wallerstein (1995), Alemania pierde la posibilidad de reclamar su lengua como instrumento de comunicación en encuentros internacionales. Así, en el periodo de 1850 a 1945 era más o menos común el manejo de 4 lenguas en la producción científica (inglés, francés, alemán e italiano), como por lo demás atestiguan las numerosas referencias multilingües en las obras de los autores de este periodo.

Después de 1945, la hegemonía económica y científica de EEUU convirtió el inglés en *lingua franca* científica y los hablantes no nativos la adoptaron como la principal segunda lengua,

----

2 En este sentido, resulta de mención obligada el clásico *Remedia amoris* de Ovidio. Recordemos que su *Ars amandi* en Occidente ha sido durante muchos siglos la obra por antonomasia para referirse al encuentro entre los sexos, al ofrecer una serie de recomendaciones y consejos con vistas a que dichos encuentros se produzcan de manera satisfactoria para sus participantes.
3 Indiscutible epicentro de la sexología (Haeberle, 1983; Llorca, 1996).

abandonando progresivamente el francés, que intentó resistirse al auge del inglés.

De modo que el desconocimiento del alemán y la falta de traducciones de las obras principales[4] han impedido que la segunda generación de sexólogos, que surge ya no en Europa sino en EEUU, conozca y asimile el *corpus* teórico de la primera generación.

El olvido en el que cae la obra de Havelock Ellis, seguramente el sexólogo anglosajón más relevante de la primera generación, ampliamente leído en su época y cuya obra sexológica se publica mayoritariamente en EEUU para sortear la censura, cabe atribuirlo más a su escasa preocupación por la teoría (Nottingham, 1999) y a su enfoque ingenuamente empírico (Robinson, 1977), que han dado lugar a verlo como un venerable victoriano recolector de polvorientos datos que nada tiene que decirnos en la actualidad [5], cuando no ha sido leído en clave estólidamente sexista por algunas feministas (Crozier, 2008).

Así las cosas, y se diría que a medio camino entre Wittgenstein y Orwell, comenzó a emplearse, para referirse a la segunda generación de sexólogos, la terminología retórica de la "verdadera sexología científica", del "nacimiento de la sexología", de "los auténticos científicos del sexo", etc.[6], con consecuencias todavía más devastadoras para la historia de la sexología que la que tuvo el ascenso del fascismo y el nazismo en Europa (Amezúa, 1992), al presuponer la descalificación de toda una generación de brillantes pioneros.

---

4 Como botón de muestra, baste señalar que dos obras fundamentales del gran sexólogo Hirschfeld, *Travestis* (1910) y *Homosexualidad de hombres y mujeres* (1922), no se tradujeron al inglés hasta 1991 y 2000, respectivamente. En español siguen sin estar traducidas.

5 Desmontar tal percepción excede los límites de este artículo.

6 Esa retórica cientifista, junto con un énfasis en lo cuantitativo, el intento de emular a las ciencias naturales, la idealización de una ciencia objetiva y desprovista de valores, y la despolitización de la investigación por el clima de miedo promovido por el maccarthismo y su caza de brujas, son los rasgos más destacables de las ciencias sociales durante la guerra fría (Porter, 2012:ix-xv), y a cuya influencia no será ajena la sexología norteamericana de la posguerra.

Sin que ahora podamos entrar en muchos detalles[7], es crucial detenerse en un punto: la extendida confusión entre, por un lado, la psicopatología sexual, sustentada en el *locus genitalis*[8], cuyo máximo representante es Krafft-Ebing con su influyente *Psychopathia sexualis* (Oosterhuis, 2000), heredero de la teoría de la degeneración de Morel, reformulada por Magnan y Legrain; y por el otro, la ciencia sexológica, que surge precisamente como alternativa a esta patologización (Wettley, 1990; Amezúa, 1992),

---

7 Para un acercamiento a la historia de la sexología, véanse especialmente Haeberle, 1983; Llorca, 1995, 1996, 1996b, 1997; Sigusch, 2008; Sigusch y Grau, 2009; Bullough, 1994; Waters, 2006; Chaperon, 2007.

8 Para conocer más sobre la teoría del locus genitalis y sus implicaciones para el estudio y comprensión de los sujetos sexuados, las obras de referencia son de Amezúa (1998, 1999, 2003, 2006, 2012). De ellas extraemos la siguiente síntesis extremadamente resumida: Los elementos principales del Genós, Genus o teoría del locus genitalis son: 1) el fin de los seres vivos es la reproducción o generación y por ello el interés por el instinto reproductor; 2) establecimiento de la cópula o penetración vaginal peneana como referente conductual por antonomasia; 3) el matrimonio como marco legitimador de ello; 4) la hembra como locus (que no sujeto) para la generación. Esta teoría ha estado vigente desde Aristóteles, Hipócrates o Galeno hasta el siglo XVIII, momento del corte epistemológico que trajo consigo la Ilustración. Tras ella, con la irrupción del concepto moderno de sexo, siglo tras siglo estos elementos van desapareciendo desde el último (que fue el primero) al primero (que está resultando el último). No obstante muchas de las secuelas, sus trozos y destrozos, todavía siguen presentes: Degenerados, aberraciones, desviaciones, perversiones, inversiones, parafilias, trastornos, disforias, etc., del fin (generación) o el medio (cópula). Si ya no se puede dudar del paso (más bien logro) de la hembra como locus a la mujer como sujeto, con todas sus implicaciones en los sexos, tampoco del paso la institución del matrimonio a la pareja moderna, pese a ser un logro más reciente. Mientras que en la actualidad se han producido ya grandes progresos en el segundo elemento, todo apunta a que, superado este elemento (sobre el que pivotan en la práctica los demás), podrá darse por superado definitivamente el paso de Genus a Sexus, pese a sus múltiples y diversas resistencias (en la actualidad el "buque insignia"de esta resistencia se encuentra en la constante connotación a genital, reproducción o placer que se hace de sexo, como manera para no pensar en (pasar a) los sexos).

38

incapaz de hacer plena justicia a las relaciones plurifacéticas entre el campo sexual y todos los otros campos de la vida humana[9], como dirá Iwan Bloch (1907:5) en el prefacio a *La vida sexual contemporánea,* obra fundacional de la sexología como disciplina propia.

Merece la pena por ello aclarar que los sexólogos de primera generación dedicaron numerosas páginas a criticar la *Psychopathia sexualis* para establecer cuál era en propiedad la episteme de esta nueva disciplina. Dicho con palabras de Amezúa (1992:29), la sexología no trata de *"(..) buscar datos, casos o diagnósticos, ni siquiera tratamientos a las supuestas enfermedades desde las que fue entendido el sexo, sino de encontrar explicaciones a sus manifestaciones.*

O, dicho de otro modo, de la posibilidad de entender dichas manifestaciones en la articulación de una teoría general del ser humano sin pasar por la vía de la patología como recurso único (...)."

Si bien por comodidad se ha adoptado la convención histórica de considerar sexológico cualquier discurso médico, psicológico y hasta biológico sobre el sexo (Crozier, 2008), esto ha acabado dando lugar a propuestas absurdas como incluir a Freud en la nómina de sexólogos (Garton, 2006), cuando en realidad los criticaba con desprecio por no seguir su proyecto psicoanalítico (Sulloway, 1983). Freud, de hecho, ofrece una extensa descripción de su concepción de la Psychopathis sexualis vista de manera totalmente nueva (Wettley, 1990).

De manera que se ha acabado desdibujando la episteme sexológica hasta el punto de que, en 2005, la Asociación Mundial de Sexología (WAS) ha podido cambiar oficialmente su denominación por Asociación Mundial para la Salud Sexual (OPS y WAS, 2009) sin que este suicidio epistemológico haya generado

---

9   Traducción   tomada   de http://www.sexarchive.info/GESUND/ARCHIV/SPANISCH/HISTORY.HTM (sección "los inicios").

demasiados obituarios disconformes[10] y resulte francamente difícil acceder a documentación explicativa al respecto. De hecho, a día de hoy, no disponemos de ella.

Con ello, pretendemos esbozar mínimamente las tres principales líneas que se ocuparán de explicar y dar una respuesta, en coherencia con sus respectivos marcos teóricos, tanto a las dificultades y problemas entre los sexos (hombres y mujeres), como a los derivados del hecho de ser sexuados: 1) Medicina y psicopatología sexual, sustentados en la *Psychopathia sexualis*[11] y el *locus genitalis*; 2) Psicoanálisis, que se suma y añade, entre otras, la noción de libido; y 3) la sexología propiamente dicha, que nace como discurso crítico y alternativo a estos planteamientos reactivos y que se inscribe en lo que se conoce como *modernización del sexo* (Robinson, 1976).

El acercamiento desde disciplinas diferentes a la obra de Masters y Johnson, más este olvido o desconocimiento de la primera generación de sexólogos europeos provocará que las lecturas y versiones de la aportación que supone el informe de Masters y Johnson sean también de lo más variadas[12].

Sin ánimo de exhaustividad y por nombrar las más relevantes, destacamos las siguientes versiones que se han elaborado de la *sex therapy* creada por Masters y Johnson:

---

10 Para una contundente crítica de esta interesada confusión entre sexología y salud sexual, véase Franco y Landarroitajauregi (2005). Asimismo, para una crítica de sus consecuencias en la educación sexual, véase Malón (2012).

11 Merece la pena señalar en este punto que en 1975 la *Psychopathia Sexualis* (junto a higiene venérea, salud reproductiva y control de natalidad) quedará rebautizada con el neologismo genérico de *salud sexual*, de uso creciente hasta nuestros días (Franco y Landarroitajauregi, 2005) por la OMS (OMS, 1975).

12 Omitiremos en este punto las críticas, en realidad "caricaturas pornográficas" a que se ha querido reducir a Masters y Johnson, con el énfasis en las erecciones, lubricaciones, orgasmos y demás elementos de la función genital y su concomitante disfunción en publicaciones como *El nuevo desorden amoroso* (1977) de Bruckner y Finkielkraut, *Sex by prescription* (1980) de Szasz y *El poder de los sexólogos y la democracia sexual* (1982) de Béjin. A día de hoy, son innumerables los escritos que han repetido acríticamente estos y otros tópicos (Lejárraga y Díez, 2013).

Con gran influencia de la medicina y psicopatología, destaca principalmente la versión surgida con *The new sex therapy* (1974) de la psicóloga y psiquiatra de orientación psicoanalítica Helen S. Kaplan. Obra concebida y realizada como manual para terapeutas[13] en la que logra unir enfoques y recursos de muy diverso tipo presentando una intervención ecléctica hasta entonces inexistente en el ámbito de los llamados problemas sexuales (Kaplan, 1978).

Poco después, en 1980, la *American Psychiatric Association* (APA) publica la tercera edición de *Diagnostic and Statistical Manual of Mental Disorders* o DSM-III, edición a partir de la cual lo que era un deficiente manualito gremial para la comunicación interprofesional empieza a convertirse en un (falso) manual epistemológico que recibe el a todas luces excesivo sobrenombre de "Biblia de la psiquiatría" (Decker, 2013; Greenberg, 2013).

Aquí nos referiremos exclusivamente al capítulo dedicado a los *Psychosexual Disorders* o Desórdenes/Trastornos psicosexuales.

En este capítulo, reorganizado y ampliado significativamente con respecto a las ediciones anteriores del DSM-I (1952) y DSM-II (1968), se renombran las *desviaciones sexuales* aparecidas en dichas ediciones con el neologismo de parafilias[14] y, posiblemente lo más destacable, se crea una nueva sección que denominan disfunciones psicosexuales, con las últimas aportaciones de Kaplan.

---

13 Nos parece muy relevante avanzar una matización: mientras *Human Sexual Inadequacy* es el informe de los resultados obtenidos tras una investigación (Belliveau y Richter, 1974), *The new sex therapy* es un manual de procedimientos. Es decir, mientras los informes técnicos se diseñan para informar y, en definitiva, ampliar el conocimiento, los manuales lo hacen para aplicarse de la manera más referencial y organizada posible.

14 Donde se elimina la homosexualidad como trastorno y se añade la zoofilia y la homosexualidad ego-distónica como un nuevos desordenes psicosexuales (Hinderliter, 2010).

Merece la pena destacar dos puntos que nos parecen importantes con respecto a esto:

1) Con esta publicación se refunda, actualiza[15] y amplía, justamente un siglo después, la *Psychopathia sexualis* de Krafft-Ebing que, sustentada en la teoría de la degeneración de Morel, obedece a la antigua teoría del *locus genitalis*;

2) Resurge así la hegemonía y preeminencia médica y psico(pato)lógica[16] en la intervención de los problemas entre los sexos, recurriendo para ello al uso del adjetivo sexual.

De tal manera que las inadecuaciones que se producían entre los sexos, meras dificultades y problemas comunes en el contexto de sus encuentros eróticos, se convirtieron en trastornos y patologías sexuales necesitadas de tratamiento.

Por otro lado, con gran influencia del psicoanálisis y ciertas afinidades con el marco teórico del conductismo, surge en los comienzos de la década de los 80 la siguiente versión.

Su creador es principalmente Claude Crépault, profesor honorario de la Universidad de Quebec en Montreal, a la que denomina *Sexoanálisis* (Crépault, 1997).

Lo define como un nuevo *modelo sexoterapéutico* y una teoría del desarrollo psicosexual que, si bien en un principio fue diseñado especialmente para aplicarse en las desviaciones sexuales, así como en los trastornos de la función erótica, en la actualidad se ha ampliado al *estudio del inconsciente sexual y sus manifestaciones* (Crépault, 2005:12).

---

15 Tal vez el ejemplo más clarificador de esta actualización lo constituya el paso terminológico de *desviaciones* por el de *parafilias* que correspondió fundamentalmente a operaciones de imagen, marketing o de corrección política, más que a fundamentaciones epistemológicas propiamente dichas. Lo que recuerda cómo, un poco antes y en el seno de la OMS, sucedió un cambio similar al transformarse las enfermedades venéreas en enfermedades sexuales para tratar de evitar la carga de vergüenza social que podría arrastrar la anterior denominación (Amezúa, 1992).

16 Resulta mucho más relevante e influyente, en términos de oficialidad y peso institucional, que esta nomenclatura y clasificación la publique una institución como la APA que autores como Kaplan o Masters y Johnson (Amezúa, 1992).

El objetivo primordial de este tratamiento sexoanalítico es *la supresión del desorden sexual y el restablecimiento de una sexualidad funcional e integrada* (Crépault, 1993:50) así como *favorecer la integración de los componentes masculino y femenino de la personalidad* (Crépault, 1993:52) por medio de la *reestructuración del imaginario erótico erróneo y la disolución gradual de ansiedades* (Manzano, 1999:135).

Si las principales versiones surgidas del dispositivo de la *sex therapy* de Masters y Johnson (Kaplan y Crépault), con sus correspondientes y múltiples actualizaciones, están de una u otra manera enraizadas en la *Psychopathia sexualis* como foco de interés, el *locus genitalis* como trasfondo teórico y el DSM como criterio diagnóstico[17] ¿hay algún modelo de *sex therapy* que, continuando la aportación de Masters y Johnson, esté asentado en el concepto moderno de sexo y, por tanto, no rompa el hilo epistemológico con la historia de la sexología, al contrario que los modelos anteriormente mencionados?

La respuesta tardará tres largas décadas en llegar y es afirmativa, pese a ser poco difundida.

En el año 2000 se publica *El ars amandi de los sexos: la letra pequeña de la sex therapy*, de Efigenio Amezúa, Doctor en Sexología por la universidad de Lovaina (Bélgica) y director desde 1975 del Instituto de sexología Incisex, en Madrid.

En esta y otras publicaciones[18], Amezúa reconstruye y presenta el dispositivo de la *sex therapy* de Masters y Johnson leída desde la episteme sexológica[19], propia del concepto

---

17 Aunque no nos detengamos en ello, cabe mencionar también otras versiones que están surgiendo con notable influencia de la perspectiva de género. Como se ve, por ejemplo, en Fernández de Quero (2011) o Lameiras, Carrera y Rodríguez (2013) donde *perspectiva de género* aparece en el propio título.

18 Véase Amezúa (1999a, 1999b, 2000a, 2000b, 2001).

19 Es decir, desde la sexología de los sexos, hombres y mujeres en relación y no ya desde el *totum revolutum* en que se ha convertido el sexo sustantivado y su adjetivo sexual como mecanismo a través del cual poder mantener(se) tanto la teoría del *locus genitalis* como los subproductos o *teorías menores* reactivas de la degeneración, la libido y la perspectiva de género (Amezúa, 1998, 2003).

moderno de sexo, desde donde afirma que ha sido creada por sus autores.

Parte, por tanto, de que Masters y Johnson no sólo han elaborado un dispositivo compuesto de claves básicas, estrategias, tácticas, técnicas y recursos diseñado para abordar los problemas y dificultades más comunes entre los sexos, sino que, principalmente, han presentado la modernización de un modelo de *ars amandi* (rescatando la formulación hecha por Ovidio) o, por decirlo de otra manera, el *modus operandi* desde el que los sexos, hombres y mujeres, organizados y pensados desde sus identidades y deseos se relacionan, comparten y conviven en clave moderna (Amezúa, 2000a).

Aparte de esta publicación de Amezúa, que consideramos la actualización sexológica por excelencia del dispositivo de la *sex therapy* propuesto por Masters y Johnson a lo largo de todas sus publicaciones, se ha presentado una aportación significativa[20] en Sáez (2004).

También se ha propuesto un modelo de intervención sexológica, con gran influencia de la antropología, que consideramos interesante reseñar mínimamente y que, pese a no estar basado en el dispositivo de Masters y Johnson, resulta extremadamente coherente con la historia de la sexología.

Nos referimos a Manuel Lanas, médico, psicólogo, sexólogo y Doctor en Filosofía, cuando presenta, en 1996, su tesis doctoral *Razones para la existencia de una ciencia sexológica* (Lanas, 1997a). En el capítulo *La razón pragmática* expone su modelo clínico y terapéutico desarrollado en el ejercicio de su profesión como sexólogo.

De este modelo[21] destacamos dos puntos particularmente interesantes:

---

20 Consistente en la fundamentación y empleo de los caracteres sexuados terciarios, teorizados por Havelock Ellis (1894) un siglo atrás, como herramienta operativa para la terapia sexológica.
21 Para ampliar más, pueden consultarse Lanas (1996, 1997b, 1999, 2003, 2009, 2011).

1) por un lado, el protagonismo del procedimiento metodológico de la comprensividad o *Verstehen* y, con ello, la recuperación de las *historias sexuales* de Ellis que reformula como *documentos demandados* en su praxis clínica;

2) por el otro, la crítica a la psiquiatría y, en general, a los discursos clinicalistas existentes en el abordaje profesional de las *experiencias sexualmente significativas* que han resultado problematizadas y patologizadas, en buena medida, por dichos discursos.

Sirva todo ello como mínima muestra tanto del impacto y repercusión que tuvieron las aportaciones de Masters y Johnson tanto en la sexología como en otros campos científicos.

Y, derivado de ello, el entramado de diferentes versiones y actualizaciones que se han ido desarrollando y proponiendo, denominándose todas ellas como terapia sexual e inscribiéndose en un ámbito profesional que ha venido llamándose sexología clínica.

Sin embargo, esta variedad en las versiones para la atención de las dificultades comunes de los sexos no ha revertido en una suma o variedad de diferentes líneas bajo la denominación de *sexología clínica* sino que, por el contrario, en las publicaciones donde se hace referencia, central o periférica, a ésta o a la terapia sexual, se observa con frecuencia la presencia exclusiva de versiones basadas en la lectura hecha desde la medicina y la psicopatología de la *sex therapy* de Masters y Johnson.

En este sentido, si las ausencias de la reconstrucción realizada por Amezúa o el modelo presentado por Lanas pueden resultar comprensibles al no participar de la *Psychopathia sexualis*, nos resulta más llamativa la ausencia del sexoanálisis. Tanto de su marco teórico como del modelo de intervención sexoterapéutica que han desarrollado[22].

---

22 Máxime cuando Crépault, creador principal de dicha línea, cofunda el Departamento de Sexología de la Universidad de Quebec en Montreal, Canadá (Dupras y Dionnne, 1987), donde actualmente existe el único doctorado del

Esto nos induce a plantear el probable ejercicio de metonimización aplicada a la vertiente clínica en sexología o ámbito de la intervención sexológica en las dificultades entre los sexos, donde se nombra el todo, la sexología (clínica) o terapia sexual, cuando solamente se está haciendo referencia a una de las líneas que abordan dichas dificultades: en concreto, la surgida con base en la medicina y psicopatología. Es decir, en la antigua *Psychopathia sexualis*, trocada ya en la actual salud sexual[23] (Franco y Landarroitajauregi, 2005).

Por otro lado, entrando en el método clínico que se ha venido empleando en sexología, tanto en Kaplan[24] como en publicaciones más actuales de esta línea, el procedimiento empleado al abordar la etiología de los problemas o dificultades entre los sexos se basa en plantear, por este orden, los factores, componentes o causas orgánicas y, seguidamente, las psicógenas[25].

---

mundo con la denominación exclusiva de sexología. Tal vez pueda encontrarse una explicación de esto en el "destierro"que experimentó el psicoanálisis de la psiquiatría oficial precisamente en el paso del DSM--II al DSM-III, en favor de la investigación médica más estrechamente empírica (Wilson, 1993). Sin embargo, conviene insistir en que la sexología, ya sea en su vertiente clínica o no, hace referencia a la sexología y no a otras disciplinas como medicina, psiquiatría, etc. Lo cual significa que no comparte con ellas ni su historia ni sus procedimientos en la intervención.

23 No resulta sorprendente, por tanto, que desde esa línea se afirme que la sexología forme parte de las ciencias de la salud, pues básicamente se trata de la medicina sexual. Esto también explica gran parte de las críticas vertidas sobre la sexología al asociarla con la medicina y la psicopatología, dando lugar a lo que se ha ido nombrando como medicalización de la sexualidad (Tiefer, 1996, 2000, 2001a, 2001b, 2002, 2004, 2006, 2009, 2010a, 2010b, 2012; Bancroft, 2002; Giami, 2008; Moynihan, 2010).

24 Comenzamos por Kaplan porque, insistimos, Masters y Johnson presentaron el informe de los resultados de una investigación y Kaplan un manual para terapeutas.

25 Donde, nuevamente, existe una ausencia generalizada del establecimiento y abordaje de las causas sociales o culturales, máxime cuando se afirma constantemente que "lo sexual" es una realidad bio-psico-social y, en consecuencia, sus problemáticas asociadas también.

La pregunta que nos hacemos en este punto es: Si tenemos en cuenta que estamos abordando una de las líneas de intervención profesional en sexología[26] ¿dónde y cuándo se abordan las causas sexuales, por el factor sexual, el componente sexuado o, más explícito aún, las causas sexógenas?

Pregunta de interés si tenemos en cuenta que, en el contexto de los problemas entre los sexos, la determinación del tipo de causas que originan un problema diagnosticado acostumbra a ir estrechamente ligado con la aplicación de tratamientos de ese mismo tipo[27] (Landarroitajauregi, 1997) o, a lo sumo, combinados.

Unos problemas que, además, por tomarse muchas veces como causa la propia descripción detallada del fenómeno, se puede afirmar tanto que el 100% de estos problemas son orgánicos[28], como que el 100% son psíquicos (Landarroitajauregi, 1997); a lo que añadimos: o que el 100% se deben al hecho de ser sexuados[29].

---

26 Entendida ésta como disciplina autónoma que articula, organiza y da coherencia al conocimiento sobre los sujetos sexuados, en tanto que sexuados (AEPS, 1993:1) y, por tanto, un espacio no médico, psico(pato) lógico, psiquiátrico, psicoanalítico, sociológico, antropológico, sistémico, etc.

27 Con el derivado *baile de cifras* (Amezúa, 2000a:36-37), o *guerra de cifras* (Landarroitajauregi, 1997) que estos dos orígenes o causas sigue produciendo en la literatura especializada.

28 Así cabe entender que, debido al mayor conocimiento fisiológico de los llamados trastornos sumado a la mayor especificidad de los recursos farmacológicos, se haya anunciado en forma de vaticinio el fin de la terapia sexual (Rowland, 2007).

29 En la medida en que son descripciones elaboradas desde cada limitado y limitante marco teórico no cabe duda de que terminan siendo ejercicios de construcción de la realidad (Watzlawick, 2009) en tanto que la existencia objetiva de ésta resulta insostenible tanto a nivel físico (Watzlawick, 1994) como neurofisiológico (Foerster von, 1994). Dicho sea de paso, la constante y recurrente referencia al diagnóstico en el lenguaje entre y de los profesionales contribuye a su existencia como realidades en la experiencia de los clientes *hasta el extremo de que podríamos llegar a cuestionarnos si los terapeutas somos parte del problema o parte de la solución* (Rodríguez y Beyebach, 1997:43-44).

Si de la etiología se pasa al establecimiento del diagnóstico observamos que gran parte de lo que en las denominadas disfunciones sexuales se nombra como diagnóstico no es tal sino que se trata generalmente de signos que, por otro lado, se nombran como síntomas[30].

Este aparente mimetismo o sinonimia entre diagnóstico, síntoma y signo, que difícilmente se observa en otras áreas de la salud donde el método clínico se aplica, a nuestro entender obstaculiza avanzar en la vertiente clínica de los llamados problemas sexuales en la medida en que impide otra pregunta fundamental.

Empleando este mismo lenguaje sanitario o de las ciencias de la salud, si, por ejemplo, la ausencia de erección más que un diagnóstico es un signo o, como se nombra, un síntoma ¿de qué diagnóstico(s) lo sería? o, en otros términos, ¿cuál es el trastorno, enfermedad, daño o incluso lesión del que la ausencia de erección no es más que un signo o un síntoma?

Por último, con respecto al tratamiento, se observa la proliferación y promoción de "técnicas o recursos terapéuticos" de todo tipo destinadas a reparar, y en todo caso producir, una *respuesta sexual* determinada, incomprensiblemente tenida por normal[31], en un contexto de estímulos presumiblemente adecuados que generen la reacción fisiológica esperada en el sujeto,

---

30 Desde Kaplan (1978) hasta publicaciones más actuales de sexología clínica (p. ej., Cabello, 2010), se nombran como síntomas. Sin embargo, entendemos que "disfunción eréctil" "vaginismo" "anorgasmia" "eyaculación precoz" "aneyaculación" etc., responden mejor a la definición de signo que de síntoma, en la medida en que *los circunstantes lo pueden atestiguar* (Prieto, 2005:2). Motivo por el cual Abenoza también apunta que no *es una cuestión de signos, sino de síntomas* (Abenoza, 2003:32) llevándolo de nuevo al terreno de *las sensaciones subjetivas* (Prieto, 2005:2). Síntomas (preocupación, nerviosismo, desasosiego, miedo, etc.) que, así nombrados, en ocasiones también terminan siendo *formulados como causas de los trastornos sexuales en la literatura clínica* (Lanas, 2011).
31 Pese a que Masters y Johnson nombren como *Respuesta Sexual Humana* (1966), ciertamente sería más acertado, por describir mejor el objeto de

circunscrita ésta no sólo al área genital, sino a determinados signos de dicha área[32].

Por nuestra parte, consideramos conveniente seguir insistiendo[33] en no confundir con una intervención sexológica la intervención en problemáticas relacionadas con los sexos desde multitud de campos del conocimiento e incluso con la combinación entre ellos de diferentes técnicas y recursos, a la manera de Kaplan.

A esto último lo podríamos denominar "pragmatismo ecléctico ", sin duda proveniente del recurso a la

---

investigación, nombrarlo como *reacción fisiológica orgásmica* (Amezúa, 1992:238) o, de manera genérica, *fisiología orgásmica* (Landarroitajauregi, 2000:81). La consecuencia de este atropello semántico, de graves repercusiones epistemológicas hasta la actualidad, es clara: *tomar lo sexual como sinónimo de orgásmico y viceversa* (Amezúa, 1992:238) o *la orgasmización de lo sexual* (Landarroitajauregi, 2002:35). La causa, sin embargo, lo es menos. Tal vez, como apunta Landarroitajauregi, si publicar en editoriales médicas con el término sexual ya fue complicado ¿qué no hubiera pasado con *orgásmico*? Los antecedentes del *orgasmicista* Reich, que murió en una cárcel estadounidense sin pena ni gloria, tampoco eran muy alentadores (Landarroitajauregi, 2002:36).

32 Máxime cuando Masters y Johnson afirman contundentemente que las gráficas de la reacción fisiológica orgásmica en hombres y mujeres que presentan son meras simplificaciones de lo observado con mayor frecuencia y que únicamente representan la infinita variedad, en el caso de las mujeres, y las muchas variaciones, en el caso de los hombres (Masters y Johnson, 1986:4). Si, además, esta conclusión la obtienen de una muestra muy selectiva de varios cientos de hombres y mujeres, ¿cual no será la diversidad real de reacciones fisiológicas orgásmicas en el conjunto de la población? Cuestión que plantean también Masters y Johnson (1986:12) en el análisis sobre la muestra seleccionada.

33 El reduccionismo es tan acusado y desmesurado que pese a conocer perfectamente que la excitación, por ejemplo, produce multitud de reacciones fisiológicas en todo el organismo (cambios en pupilas, ritmo cardíaco, percepción, respiración, rubor, etc.) es sólo con la ausencia del signo de la erección/lubricación cuando se dice que hay desorden o trastorno de la excitación.

multidisciplinaridad en sexología (clínica), y, por ello, sin posibilidad alguna de arraigo en una episteme sexológica.

Así pues, ¿cabe plantear las bases y contornos mínimos de una intervención centralmente sexológica?

De tal manera que, en el terreno de la sexología clínica, nos encontramos ante las tres preguntas que resultan radicalmente fundamentales en tanto se interrogan sobre la etiología, el diagnóstico, y el tratamiento y que, a base de no planteárselas ni formularlas, no se trabajan ni epistemológica ni procedimentalmente.

Relacionada con la etiología: Cuáles son las causas sexológicas. Relacionada con el diagnóstico: Cuál es el trastorno del que las unidades diagnósticas son sus síntomas y signos.

Relacionada con el tratamiento: Qué intervención sexológica plantear en casuística.

No dudamos que estas preguntas puedan resultar chocantes e incluso impertinentes cuando se participa de un discurso sobre la multidisciplinariedad[34] en el campo teórico de la sexología y del eclecticismo en sus líneas de intervención. Desde esta doble vía, ambos factores han facilitado la imagen de *totum revolutum* que sigue transmitiéndose de la sexología[35].

---

34 En 1979 ya se apremia que para aclarar los objetivos y métodos de unas intervenciones profesionales y otras es preciso distinguir bien entre lo que son terapias dirigidas a problemas adjetivados como sexuales desde diferentes campos del conocimiento y terapias sexológicas propias de un campo de conocimiento como es la sexología. Campo que de unidad y coherencia propia al *hecho de los sexos* para que no se disperse simplemente con la agrupación desordenada de aspectos (médicos, psicológicos, sociológicos, etnoantropológicos, etc.) de la sexualidad, los cuales corresponden a esos campos del conocimiento y no a la sexología (Amezúa, 1979).

35 Discurso que, en buena medida, conviene e incluso interesa a las distintas disciplinas que participan de ella pero que tiene como consecuencia el vaciamiento epistemológico de los sexos. Se da así una imagen de logía llena de aspectos o pizcas de otras disciplinas sobre "lo sexual"y se invisibiliza una epistemología histórica y propia que organiza y da sentido a su propio objeto de estudio: los sexos en relación, desde el hecho de ser sexuados, y las

Ciertamente, el paso de "las ciencias del sexo", propio de un campo multidisciplinar, a "la ciencia de los sexos", propio de esta disciplina no está exento de obstáculos (Landarroitajauregi, 2010) y, en su vertiente clínica, no nos cabe duda de que estas tres cuestiones, a las que añadiremos una cuarta, resultan fundamentales.

Esta cuarta cuestión, que nombramos como última pero es previa al sustentar las anteriormente nombradas, es precisamente la relacionada con el establecimiento del objeto clínico cuando se interviene en casuística desde la sexología.

Siguiendo la reconstrucción realizada por Amezúa[36, 37] (2000a), entendemos que son precisamente a estos cuatro interrogantes (objeto clínico, etiología, diagnóstico y tratamiento) a los que tratan de dar respuesta Masters y Johnson en sus publicaciones, entrevistas, seminarios, etc., con el dispositivo de la *sex therapy* que elaboran sin abandonar el hilo de la historia de la sexología.

Sobre el objeto clínico

De estas cuatro preguntas, no nos cabe duda de que ésta es la que con mayor tenacidad han esclarecido Masters y Johnson, al ser vertebradora y sustentadora del resto: Consideramos que el paciente es la relación[38] (Masters y Johnson, 1981:3).

---

consecuencias que se derivan de ello, incluidas las inadecuaciones o insatisfacciones.

36 Como dirá Amezúa en una entrevista, *una disciplina sin episteme no es disciplina, no es un campo de conocimiento organizado ni organizable: es un caos. Es un montón de cosas. Cada uno habla desde su respectivo campo. Y parece que hablamos de Sexología, pero cada cual habla de "su"sexología; o mejor, desde "su"disciplina* (Landarroitajauregi, 2001:30).

37 En nuestra opinión, Efigenio Amezúa es quien de manera más sagaz ha visto la obra de Masters y Johnson en su continuo histórico (Amezúa, 2000a) y la ha situado en el marco de la Teoría de los sexos (Amezúa, 1999a).

38 Traducción propia de la frase original: *The marital relationship is considered as the patient.* (Salvo indicación en contrario, todas las traducciones de las citas en inglés son propias).

De tal precisión y contundencia es la afirmación copernicana que puede leerse en las primeras páginas de *Human Sexual Inadequacy* que supone un cambio en la conceptualización misma y posterior abordaje de los problemas entre los sexos.

Si hasta entonces existía cierto consenso entre la medicina, psicopatología y sexología en que las alteraciones y trastornos sucedían en el individuo, Masters y Johnson, al trasladar la conceptualización de los problemas en los sexos del individuo a la relación[39], rompen paradigmáticamente[40] con ese consenso dando con ello un nuevo y gran paso en la modernización del sexo.

No se trata, por tanto, de una formulación concesiva, estratégica o voluntarista para que "el otro" esté presente, participe o colabore como buenamente pueda sino que el *paciente*, el objeto clínico de estas intervenciones ya no es uno, como tampoco el otro y ni tan siquiera la suma de ambos, sino que lo es la propia relación que han construido y que llegan a nombrar como *el tercer sujeto*. Tal y como comentan el Sr y Sra K[41]: ése que no es uno ni el otro sino *la relación de ambos* (Sr y Sra K, 1973:67).

---

39 Tal vez no sea ocioso recordar la aclaración que Robert Levin, editor de El vínculo del placer, realiza en el prefacio: (...) *la palabra 'matrimonio' significa algo más que la existencia de una licencia matrimonial. En este libro, un hombre y una mujer se consideran unidos en el verdadero sentido de la palabra, tengan o no una licencia para vivir juntos, siempre y cuando estén comprometidos el uno con el otro. No están comprometidos porque se hayan casado; están casados porque están comprometidos* (Levin, 1978:xiii).

40 Sobre este cambio de paradigma que supone el traslado del objeto clínico del individuo a la relación en la conceptualización de los problemas humanos, desde la escuela sistémica Carlos E. Sluzki (director del *Mental Research Institute* de Palo Alto) lo ha descrito como *modificación cualitativa que afecta a la visión del mundo de quien lo lleva a cabo*, que permite expandir drásticamente la comprensión de la conducta humana en su contexto (Watzlawick, Beavin y Jackson, 1981:11).

41 El Sr. y la Sra. K son una pareja tratada por Masters y Johnson que contaron su experiencia de manera anónima en un libro originalmente titulado "La pareja".

Sobre la etiología y el diagnóstico

Una de las mayores implicaciones que tendrá situar en la relación (en la interacción, si se prefiere) el objeto clínico es que ésta, en tanto constructo incorpóreo, no tiene *physis* y, por tanto, tampoco *psiquis*[42]. En consecuencia se sale de la clásica concepción dual en el pensamiento sobre el ser humano para pasar al interactivo *entre los sexos* (Amezúa, 2000a:17) o, *del uno con el otro* (Doan, 2009:234).

En este sentido, llama la atención el parco interés y la escasa relevancia estructural que otorgan Masters y Johnson a la etiología en sus publicaciones[43]. No obstante, cuando se adaptan al lenguaje médico y entran en el juego, comentan que se estima entre un 10 y 20 por ciento de disfunciones sexuales causadas principalmente por factores orgánicos (Masters, Johnson y Kolodny, 1985:475) tras haber especificado que *el historial etiológico de la mayoría de las disfunciones sexuales es la carencia sociocultural y la ignorancia de la fisiología sexual, más que la enfermedad psiquiátrica o médica* (Masters y Johnson, 1981:20).

Lo cual resulta comprensible teniendo en cuenta dos puntos:
1) Masters y Johnson han sido de los primeros profesionales que *se centraron en el presente y el futuro más que en el pasado*[44] (Green y Flemons, 2009:38) y sin duda los primeros basando su

---

42 Esto lo convierte en un cambio de paradigma difícilmente asimilable, y hasta cierto punto inaceptable o imposible en medicina sexual, donde la necesaria organicidad perceptible ha de estar presente.

43 A diferencia de, por ejemplo, la versión de Kaplan (1978) donde la etiología constituye un capítulo independiente que aparece en el propio índice.

44 Característica también compartida, entre otras, por la corriente humanista o rogeriana donde *se concede una importancia mayor a la situación inmediata* (Rogers, 1981:39).

53

intervención en el *factor sexual*[45].

2) Tal y como se viene observando desde la teoría y método de la solución en Terapia Breve Centrada en Soluciones (TBCS; Solution Focused Brief Therapy, SFBT, por sus siglas en inglés), no es imprescindible o necesario conocer el problema y su origen para lograr una solución satisfactoria para quienes consultan (De Shazer, 2004).

Esto no significa que las cuestiones internas del individuo (clásicamente diferenciadas entre orgánicas y psicógenas[46]) no sean relevantes o no se tengan en consideración sino que, en coherencia con el objeto clínico, se anteponen las cuestiones referidas al marco relacional (Amezúa, 2000a).

Es decir, el modo resultante en el que ambos sujetos (sexuados) se relacionan (sexuadamente) [47]. Lo cual, como se verá más adelante, resulta muy coherente con la estructura de tratamiento que proponen en su *sex therapy* y es lo que

---

45 Esto es, la dimensión sexuada de los sujetos desde un concepto de sexo no confundido con reproducción, genitales, placer, líbido, lujuria, orgasmos o fornicación, sino que hace referencia a los sexos, hombres y mujeres, que *buscan y desean relaciones sexuadas con el otro que es sexuado y por el hecho de ser sexuado*. Encontrarse y convivir en relaciones surgidas desde sus deseos de encuentro con el otro y no ya desde unas u otras normas, sean éstas morales, sociales o sanitarias (Amezúa, 2000a:25-32). Factor sexual o de los sexos que, en última instancia (o tal vez primera) define la sexuación como *la fragilización por antonomasia* (Amezúa, 2012:179) de los sujetos sexuados que permite tales búsquedas, encuentros, convivencias y complicidades.
46 Donde habitualmente se ha nombrado como psicológico todo aquello de lo que se ha desconocido su base física.
47 La sistemática asociación de sexo con genital, sus usos y placeres, en vez de con hombre/mujer, sus identidades y relaciones (como corresponde al concepto moderno de sexo), ha tenido un claro reflejo en el campo clínico de las dificultades y problemas entre los sexos (hombres y mujeres). Este dislate conceptual ha llegado al punto de construir la terapia sexual y la terapia de pareja como dos cosas distintas e incluso, en ocasiones, divergentes (Pérez y Landarroitajauregi, 1995:44-48). La mezcolanza conceptual se hace explícita cuando se observa que se abordan los "problemas de pareja"desde la terapia sexual y los "problemas sexuales"desde la terapia de pareja.

nombraremos como causas sexógenas o por el hecho de ser sexuados.

De tal manera que el objetivo prioritario no será la respuesta fisiológica genital esperable o deseada, ni tan siquiera la restauración ante sus estados alterados, los síntomas, o las posibles (psico)patologías subyacentes de éstas, como corresponde a las intervenciones médicas o psicopatológicas. O, como lo nombra Kaplan, a la cura del síntoma (Kaplan, 1978:16).

En esta lectura sexológica de las contribuciones de Masters y Johnson, y formulado en estos términos sanitarios, obedeciendo al diagnóstico, el objetivo prioritario, el foco se ubicaría en el modo en el que ambos sujetos sexuados, en el marco de su relación, interactúan[48]: *El centro de atención es más bien su relación interpersonal en el contexto del matrimonio* (Masters y Johnson, 1981:7), que es donde pueden producirse los signos y síntomas[49].

Sobre el tratamiento

Exportar sin cambios el dispositivo de la *sex therapy* elaborado por Masters y Johnson a la actualidad puede conllevar unas cuantas dificultades. Tal vez la principal sea la propia modalidad intensiva de intervención sumada a que, además, se les pedía la mayor incomunicación posible con su vida cotidiana (Masters y Johnson, 1981).

Como éste, existen muchos puntos de la *sex therapy* de Masters y Johnson que convendría abordar con más detalle[50] pero,

---

48 Así, no serán pocas las veces que Masters y Johnson lo formulen pragmáticamente como matrimonio sexualmente disfuncional (*sexually dysfunctional marriage*) o unidad marital disfuncional (*dysfunctional marital unit*).
49 También nombrados como *inadecuaciones relacionales* (Amezúa, 2000a:106).
50 Sin duda, para comprender mejor la *sex therapy* de Masters y Johnson sería extremadamente interesante conocer el proceso de esta investigación: hipótesis de partida, pruebas de formato que realizaron, descartes de estrategias y recursos fruto de errores, etc. Lamentablemente, esta información no ha sido

por limitaciones de espacio, no podemos hacerlo ahora.

De todos ellos, nos centraremos en tres especialmente reveladores: la base del mismo andamiaje de intervención para el conjunto de casuísticas, el sistema de valores sexuales (*sexual value system*) y la intervención entendida como proceso educativo.

1) Mismo andamiaje

Atendiendo al "diagnóstico" general (el modo en el que se relacionan) el andamiaje se dirige a desmontar dicho modo permitiendo crear así otro más genuino y particular de la propia pareja en sí.

Para ello, dispusieron fundamentalmente tres vías o estrategias estrechamente interconectadas e interdependientes: supresión drástica del modelo de encuentro anterior, trabajo centrado en sensaciones e identificación de deseos.

1.1) Supresión del modelo anterior

En el contexto de aislamiento de la pareja de su cotidianidad (Masters y Johnson, 1981:16), la supresión del modelo se operativiza principalmente con la prohibición de aquello que se demanda o donde el llamado síntoma se manifiesta.

Si bien esta prohibición suele ser habitual dirigirla hacia la penetración vaginal peneana (por ser la práctica que mayor número de dificultades suele agrupar) en rigor *no se dirige a los actos sino a las actitudes* (Amezúa, 2000a:64).

Lo cual resulta coherente con la insistencia que ponen Masters y Johnson en abandonar toda meta o deber que tengan en un encuentro, e incluso afirmar que *el secreto* para un tratamiento efectivo es alejar la atención del síntoma, con relación a la *impotencia*, (Masters y Johnson, 1981:188) o *la disfunción orgásmica en mujeres*[51] (Masters y Johnson, 1981:294), al punto

---

divulgada.
51 Indicamos estas dos, impotencia y disfunción orgásmica, por ser las únicas en las que Masters y Johnson se detienen dedicando un capítulo completo al tratamiento de cada una.

de expresarlo en la consulta como: *deje de preocuparse por si se produce o no una erección. No se trata de eso. No se espera de usted erección alguna* (Sr y Sra K, 1973:85).

Esta estrategia produce, entre otros, un poderoso *efecto paradoja*[52] (Amezúa, 2000a:65; Seco, 2002:143) o intervención paradójica, que también se emplea frecuentemente en la psicoterapia sistémica con el nombre de *prescripción del síntoma*[53] (Watzlawick, Beavin y Jackson, 2008:219).

1.2) Trabajo centrado en sensaciones

Nombran la siguiente estrategia desplegada como *sensate focus* (focalización sensorial).

Su papel es decisivo para desmontar el modo en el que se producen los encuentros donde, por la prohibición, aquello que es considerado el problema ya no está presente[54].

---

52 Una descripción pormenorizada tanto de las paradojas en la comunicación humana como de su uso en psicoterapia puede encontrarse en Watzlawick, Beavin y Jackson (2008).

53 No obstante, es preciso matizar que si bien Masters y Johnson emplean la paradoja formulada como prohibición (u obligación de que algo no suceda) con relación a algo que se desea (por ejemplo, una erección), desde la TBCS se formula como la obligación (o prohibición de que algo no suceda) en relación con algo que no se desea (por ejemplo, una discusión) (Díez, 2012a). Lo cual ahonda más si cabe en el sentido estratégico de ambas formulaciones pues si bien la prohibición generalmente favorece la atracción, interés e incluso el deseo (nombrado como *efecto paraíso* (Amezúa, 2000a:63-64; Seco, 2002:143) por su paralelismo con "la manzana prohibida del Edén", la obligación lo que suele suscitar es alejamiento, rechazo o desinterés y, en todo caso, mayor gobierno en la conducta involuntaria o síntoma prescrito (Watzlawick, Beavin y Jackson, 2008). Ambas vías apuntan al efecto "*todo menos esto*" que es descrito como *la disposición a hacer todo lo posible menos una cosa determinada* [hacerlo queriendo, en el caso de la prescripción; dejar de intentarlo, en el caso de la prohibición] siendo justo esa cosa la causa que genera mayor malestar (Watzlawick, 2002:123-124).

54 Este procedimiento ha sido identificado con meridiana claridad como promotor o facilitador de *un cambio de segundo orden* (Fraser y Solovery, 2009:291) como vía desconcertante para *reestructurar de manera aceptable para todos los implicados* (Watzlawick, Weakland y Fisch, 2007:111) el escenario completo en el que las dificultades aparecen.

Masters y Johnson detectaron que, por diferentes motivos, el cultivo de las sensaciones era escaso en el contexto de las dificultades entre los sexos (Masters y Johnson, 1981). Por ello, diseñaron un nuevo escenario en el que, sin plantearles metas ni exigencias, a cada miembro de la pareja se le permitía descubrir y experimentar cualesquiera sensaciones y placeres a base de *sensar* (Amezúa, 2000a:60-70).

Un escenario estratégico en definitiva que, según sus propios autores, les permite por primera vez *pensar y sentir sensorialmente* (Masters y Johnson, 1981:68) el tiempo que deseen, sin que esta experiencia sea interferida por la existencia de un final distinto a la propia experiencia sensorial o la necesidad de la reciprocidad simultánea.

No obstante, pese a que se han realizado innumerables versiones y lecturas de la misma donde se plantea como unas técnicas o ejercicios más de entre tantos otras[55], es preciso distinguir la estrategia general (la focalización sensorial) de las actividades concretas que sugieran los profesionales (Amezúa, 2000a), pues éstas pueden adquirir multitud de formas como, por ejemplo, que en la primera sesión únicamente se toquen las manos en silencio y con los ojos cerrados cuando ésta se realiza con una pareja de reemplazo o *surrogate partner* (Wallace, 1987).

---

55 Una revisión reciente de la estrategia de focalización sensorial puede verse en Weiner y Avery-Clark (2014). Estas autoras, que han trabajado 5 años en el Instituto Masters & Johnson, tratan de aclarar algunas interpretaciones erróneas que se han hecho de la focalización sensorial y el subyacente concepto de sexo como una *función natural* que emplearon Masters y Johnson como forma de promover la intimidad significativa en la pareja y no como una mera función fisiológica. Asimismo, advierten que, debido a que *Human Sexual Inadequacy* no refleja con precisión el enfoque del tratamiento de la *sex therapy* tal y como lo ha comentado muchas veces William Masters, los errores de interpretación y la confusión creada han sido abundantes (Weiner y Avery-Clark, 2014). Lo cual no hace sino incidir en el error que supone tomar *Human Sexual Inadequacy* como un manual y que, obviamente, cuando se aplica como una serie de reglas terapéuticas, no da los resultados esperados.

En todo caso, uno de los objetivos principales de Masters y Johnson es que *la pareja aprenda que la función sexual no es sólo una expresión física* (Masters y Johnson, 1981:66).

1.3) Identificación de deseos

Como complemento al nuevo escenario de encuentro generado por las dos vías anteriores, Masters y Johnson elaboran *el concepto de mesa redonda* (Masters y Johnson, 1981:57).

En ella van contrastando informaciones, conceptos, significados, actitudes, actividades, etc., de la pareja tanto previos al proceso de intervención como, sobre todo, aquellos puntos y aspectos que van descubriendo y surgiendo durante la intervención. En especial, o durante más tiempo, los relacionados con la focalización sensorial y de cómo ésta va contribuyendo al entendimiento mutuo y la fusión de ambos[56] (Masters y Johnson, 1981).

Conversaciones en las que, centrándose en lo que gusta, agrada y apetece de lo que van descubriendo en uno y en el otro, van dejando constancia y tomando conciencia de cómo van surgiendo de nuevo los deseos de encuentro con el otro, desde la intimidad y complicidad (Sr y Sra K, 1973) frente al anterior escenario donde el temor y la tensión por el encuentro, así como los prejuicios sobre el otro fruto de las dificultades surgidas en dichos encuentros, gobernaba toda interacción (Masters y Johnson, 1981).

Por último, es también el momento en el que insisten con mayor vehemencia en que el foco de esta *sex therapy* es la *relación* (Masters y Johnson, 1981:58) y que ésta básicamente se trata de un *proceso educativo* (Masters y Johnson, 1981:78).

2) Sistema de valores sexuales

---

56 Este detenimiento en los significados, las novedades, descubrimientos, centrarse en lo que apetece y funciona, etc., vemos que también se utiliza ampliamente en la TBCS con los términos de *renegociación de significados* (Rodríguez y Beyebach, 1997:40), el trabajo con excepciones (Shazer de, 2004:28) y seguir haciendo lo que funciona (Shazer de, 2004:156).

Otro punto en el que Masters y Johnson han insistido sobremanera ha sido en el sistema de valores sexuales o *sexual value system* (SVS) (Masters y Johnson, 1981:24), al cual Johnson no duda en atribuir *el origen de las disfunciones sexuales* (Belliveau y Richter, 1974:310).

Con dicho sistema, muy próximo a un macro concepto, hacen referencia, por un lado, a la misma biografía sexuada de los sujetos en tanto se deriva de la acumulación de todas aquellas experiencias eróticamente significativas (Masters y Johnson, 1981).

Por el otro, aunque menos explicitado, a las tensiones y adaptaciones que el concepto moderno de sexo ha producido en los sujetos y sus diálogos con sus respectivos contextos y circunstancias, en tanto estos ya no desean ser explicados y organizados desde los genitales, sus usos y placeres, sino desde sus identidades, deseos y relaciones, lo nombran como *nuevo sistema de valores sexuales*[57] (Amezúa, 2000a:29) o, en sus propias palabras[58], *sistema de valores válido o nuevo código sexual entre los sexos* (Belliveau y Richter, 1974:310-311).

De tal manera que Masters y Johnson consideran imprescindible que la intervención parta necesariamente del SVS concreto que tenga la pareja[59], pues toda desestimación o

---

57 Lo cual puede observarse especialmente en sus publicaciones posteriores. Destaca *El vínculo del placer* (Masters y Johnson, 1978:323-344) así como, posteriormente, *Sex and human loving* (Masters, Johnson y Kolodny, 1988:578-585) o *Heterosexuality* (Masters, Johnson y Kolodny, 1995:1-22), donde exponen que el compromiso, el cuidado del otro, compartirse con el otro, los deseos y la intimidad (y no ya la cópula, lograr orgasmos, o el placer alejado del vínculo con el otro) son los elementos más significativos del encuentro entre los sexos.

58 Entrevista de Masters y Johnson concedida a propósito de la publicación de *Human Sexual Inadequacy* cuya transcripción ha sido recogida en el epílogo de esta publicación.

59 Esta insistencia (y advertencia) para adaptar la intervención a quien consulta (y no a la inversa) nos recuerda mucho tanto la *psicoterapia centrada en la persona* (Rogers, 1981) como a algunas de las premisas clínicas seguidas en

comprensión errónea[60] que se produzca de dicho SVS, puede generar desajustes[61] en el momento de que de los profesionales planteen sus sugerencias durante el tratamiento (Masters y Johnson, 1981).

3) Intervención basada en un programa educativo

Otro punto que Masters y Johnson se esfuerzan en subrayar, desde sus primeras páginas hasta las últimas, es que la *sex therapy* que desarrollan desde la Fundación *se basa firmemente en un programa educativo* (Masters y Johnson, 1981:4; 343).

Afirmación que, lejos de poder ser considerada una formulación concesiva con intención de rebajar la "gravedad" de las dificultades entre los sexos, tiene su reflejo explícito en el perfil profesional que aborda la *sex therapy* en su Fundación al comentar claramente que, puesto que la intervención generalmente es *simplemente un proceso educativo directo*[62], el profesional ha de tener un *interés expreso y una demostrada capacidad para la enseñanza* (Masters y Johnson, 1981:15).

TBCS tales como el *punto de vista contextual* (Beyebach, 1999), el *no normativismo y contar con los recursos de los clientes* (Beyebach, 1994a:248).

60 Tal es la relevancia de este punto que, durante los dos primeros días de entrevistas sobre la biografía de la pareja, insisten y subrayan a la pareja la necesidad de corregir cualquier error o confusión que la lectura de sus entrevistas hayan podido producir en Masters y Johnson (Masters y Johnson, 1981:49-50).

61 Escogemos el término "*ajuste*" por entender que recoge de manera más fiel el sentido que Masters y Johnson pretendían transmitir con este punto en cuanto a aceptación, adaptación y flexibilidad plena del profesional ante quien consulta. Un *ajuste* que también se sitúa como *variable fundamental* en la TBCS el cual, por ser de naturaleza interaccional, elimina el *concepto de resistencia* (Beyebach, 1997:41-42).

62 Así, entienden que este proceso educativo se inicia y lleva a cabo tanto en la focalización sensorial (Masters y Johnson, 1981:72) como en la mesa redonda (Masters y Johnson, 1981:78).

Algunas consideraciones

Por todo ello, podemos describir la *sex therapy* de Masters y Johnson como un proceso fundamentalmente pedagógico que aplicaron a algunas de las dificultades y problemas más comunes que pueden surgir en los encuentros eróticos entre los sexos. Proceso orientado a que la pareja encuentre un modo propio de estar juntos (un nuevo *ars amandi* derivado del nuevo código u orden sexual moderno) a través de sus mutuos deseos y el gusto o placer de estar juntos, en clave de complicidad, intimidad, compartibilidad, etc.

Además de lo ya señalado hasta el momento, de esta descripción también se desprende que se centran en las dificultades y problemas comunes. Lo que significa que unos u otros, en mayor o menor medida, pueden presentarse en los sujetos sexuados, por el hecho de ser sexuados[63].

Es decir, no investigan lo insólito, infrecuente, extravagante, alarmante, extraordinario, grave, raro, inaudito o anormal sino, más bien, todo lo contrario: lo común, frecuente, anodino, ordinario, habitual, etc[64].

Dicho de manera más clara, la *sex therapy* de Masters y Johnson se crea para abordar los problemas y dificultades comunes surgidas del encuentro entre los sexos y no para curar patología o trastorno psiquiátrico alguno , para los cuales ya

---

63 Plantear esto en términos de dificultades, y no trastornos, desórdenes o patología, explica la hipótesis de Masters y Johnson referida a que, pese a la ausencia de estudios sobre ello, la mitad de la población podría presentar algún tipo de dificultad en un momento dado (Masters y Johnson, 1981:359). Lo cual, a nuestro entender, es bastante sensato siempre y cuando se plantee como dificultades entre los sexos y no ya como trastornos.
64 Precisamente para asegurarse de que trataban con lo común y en tanto trabajaron en clave de investigación y laboratorio, cabe plantear si realizaron previamente los diagnósticos diferenciales sobre patología física y/o psíquica para que ésta no alterase o contaminara la composición del grupo u objeto de estudio y, con ello, los resultados de laboratorio.

existen sus propios campos especializados[65].

Por otro lado, atendiendo a estos principios básicos de la *sex therapy* de Masters y Johnson, que hemos reducido a tres y sobre los que tanto han insistido, vemos que existe una clara discontinuidad entre lo que son las formas de presentación de su informe y los principios básicos de fondo sobre los que se asienta.

Si bien es cierto que su presentación y terminología guardan gran similitud con las intervenciones médicas o psicopatológicas actuales y de la época[66] (desde el método clínico empleado hasta la terminología como laboratorio, síntoma, disfunción, etc.), no lo es menos que sus principios básicos también guardan gran similitud, tal y como hemos ido señalando, con la corriente humanista de Rogers y la TBCS[67].

No obstante, esta constatación no la realizamos con la idea de contribuir más a la creciente tendencia de seguir añadiendo multidisciplinariedad a la sexología[68]. Más bien al contrario, dado

---

65 Diferente es, como ya lo demostraron Masters y Johnson, que lo considerado como patología o trastorno sea realmente tal (Masters y Johnson, 1981). Algo que, en la actualidad sigue bien presente si atendemos al discurso crítico en torno a la promoción de enfermedades (Moynihan y Henry, 2006).

67 Lo cual puede explicarse, no solo por ajustarse a los criterios existentes para solicitar financiación en la Escuela Universitaria de Medicina de Washington (Masters y Johnson, 1981:1), sino principalmente para que sus textos pudieran de ser aceptados por la comunidad científica, como Masters aclaró en numerosas ocasiones. Citamos dos. En conversación con un periodista: Sabíamos que [el libro] se escrutaría párrafo a párrafo. Y si lo encontraban pornográfico, estábamos muertos (McGrady, 1972:283). A su biógrafo le dijo con sorna: Debe recordar que al publicar este libro estábamos interesados fundamentalmente en la aceptación; esa es la razón por la que, para empezar, no lo escribimos en inglés (Maier, 2009:174).

68 Curiosamente, son dos líneas que, pese a ser diferentes, poseen un punto en común: su alejamiento epistemológico, y su correspondiente ejercicio clínico, de la terapia entendida como curación. Así, mientras la primera crea el counselling (Rogers, 1981), como manera de diferenciación; la segunda, en tanto concibe la terapia como una conversación para el cambio (Beyebach, 1994b:365), rechaza el planteamiento del terapeuta que obra sobre el paciente (Shazer de, 1999:24-25).

que la *sex therapy* de Masters y Johnson es la primera propuesta científica de intervención para atender las dificultades y problemas entre los sexos realizada desde la sexología, entendemos que ha sido el resto de disciplinas interesadas quienes se han nutrido de ello.

Disciplinas que, desde sus propios marcos teóricos (medicina, psicología, psicoanálisis, etc.) también han buscado la manera de dar respuesta a dichas dificultades y problemas entre los sexos. La diferencia, sin embargo, es que la forma de estas respuestas ha sido con la omnipresente nomenclatura psiquiátrica ya mencionada del DSM y su fondo, lógicamente, el de sus propios campos epistemológicos[69].

En resumen, si desde Kaplan diferentes campos del conocimiento han tomado de *Human Sexual Inadequacy* algunas de las estrategias de intervención como técnicas específicas y han elaborado protocolos clínicos a partir de ellos, diseñando una intervención con vocación curativa y reparadora de la *función sexual normal*, la sexología, desde Amezúa, ha rescatado los principios básicos desarrollados en el conjunto de la obra de Masters y Johnson, y desde allí ha ubicado las herramientas metodológicas y los procedimientos operativos estratégicos para abordar las dificultades entre los sexos en el marco de sus interacciones (Díez, 2012a).

Por último, no dejan de resultarnos sorprendentes algunas afirmaciones, que limitamos a cuatro:

1) Que se atribuya a Kaplan la introducción del deseo[70] cuando

---

69 En ese sentido, no se trata de seguir sumando aspectos de aquí y de allá y, convertir así la sex therapy de Masters y Johnson en un producto todavía más difícil de conocer en su formulación original.

70 Destaca, siquiera sea por la prolija cantidad de publicaciones en torno a ello, la medicina sexual o sexología médica inscrita en el entramado que supone la llamada Salud Sexual, donde resumidamente se han conceptualizado las estrategias de Masters y Johnson como meras técnicas, ejercicios o recursos (dentro de otros muchos como la maniobra de Semans, los autorregistros, técnica de compresión, trabajo corporal, uso de determinados aparatos, recursos farmacológicos varios, etc.) desprendidas ya de los principios básicos

son Masters y Johnson quienes precisamente pivotan todo el dispositivo de su *sex therapy* en torno a los deseos entre los sexos, en el marco de sus encuentros, desde la intimidad, la complicidad y las sensaciones[71].

2) Que se asocie epistemológicamente a Masters y Johnson con la organicidad y la fisiología (modelo fisiológico) cuando sitúan como clave fundamental del tratamiento que la pareja aprenda que la función sexual no es sólo física.

3) Que se atribuya a Hite la introducción de las variables socioculturales, así como los significados, actitudes, emociones, cuando son Masters y Johnson quienes explícitamente introducen el Sistema de Valores Sexuales como clave fundamental en la explicación y posterior tratamiento de las dificultades entre los sexos.

4) Que se vincule clínicamente a Masters y Johnson con el (pseudo)conductismo cuando sencillamente emplean determinadas fórmulas de prescripciones paradójicas que, en todo caso, podrían asociarse a un estilo directivo. Lo cual tampoco es rigurosamente cierto precisamente por el carácter paradójico (abierto y ambiguo) de tales prescripciones en su conjunto.

Y, en la actualidad ¿qué sexología clínica?

Si bien se dice, por un lado, que la conducta sexual es hoy considerada con una menor patologización, tal vez debamos constatar un paradójico aumento de las unidades diagnósticas y, obviamente, de sus correspondientes tratamientos (Amezúa, 1995:21). Se trata de una afirmación que, pese a haberse formulado hace dos décadas a propósito de la misma pregunta, sigue de plena vigencia.

---

de la sex therapy de Masters y Johnson pero conservando el nombre de Terapia sexual.

71 Si bien es cierto que es Kaplan quien añade la "fase"de deseo en la curvas fisiológicas de la Respuesta Sexual Humana, coincidimos con Cabello en la inconveniencia de incluir dicha fase en una curva fisiológica (distinto sería en una conceptual) en tanto resulta imposible diferenciar y delimitar los

Cuando Masters y Johnson escriben en 1970 el prefacio de *Human Sexual Inadequacy* comparten su esperanza de que esa publicación quede obsoleta en la siguiente década.

Difícilmente podrían prever que 45 años después su deseo iba a estar todavía más lejos de cumplirse.

Y es que, lejos de haberse eliminado las dificultades entre los sexos que abordaron en su investigación, la APA las consolidó como unidades diagnósticas con su inclusión en el DSM y, desde entonces, no han hecho sino multiplicarse. La reciente publicación del DSM-5, en cada edición más voluminoso -igual que la *Psychopatia sexualis* de Krafft-Ebing-, no hace sino corroborar esta tendencia.

En todo caso nuestra intención no es examinar detalladamente los motivos de esto, que requeriría entrar en la creciente medicalización de la sociedad[72], sino simplemente subrayar este hecho para exponer la responsabilidad que, bajo el epígrafe de sexología clínica, se pueda tener en ello.

En este sentido, puede observarse, generalmente desde el enmarañado concepto de la salud sexual, que cuando se habla de sexología clínica suele ocurrir que cuando más clínica se publica (básicamente orientada al tratamiento), menos sexología (conocimiento y explicación del hecho de los sexos) se produce.

Es decir, el camino contrario que ha recorrido la sexología a lo largo de su historia tal y como lo han tenido presente los sexólogos de primera y segunda generación (desde Havelock Ellis o Magnus Hirschfeld a Kinsey o Masters y Johnson). Esto es, cuanta más sexología se produzca, menos tratamientos se

---

fenómenos fisiológicos que ocurren entre la fase de deseo y excitación (Cabello, 2007:25).

72 Al respecto, resulta especialmente clarificador El vínculo del placer. Un nuevo enfoque del compromiso sexual, publicado en 1974 y, en especial, el capítulo 12 dedicado al compromiso (Masters y Johnson, 1978).

precisarán[73]. O, como también se ha dicho, *a más conceptos, menos necesidad de diagnósticos y más comprensión de los fenómenos* (Amezúa, 2010:28).

Todo ello, en nuestra opinión, no es sino una de las consecuencias que se producen cuando se pretende llevar la sexología al campo de las ciencias de la salud pues, una vez dentro, reorganiza sus contenidos y ejercicios profesionales desde tal campo[74].

Ciencias de la salud y sexología que poseen tres grandes diferencias básicas (Abenoza, 2003:30-32):

1) el referente actitudinal: normativa/combativa de la salud frente a la comprensiva de la sexología.

2) el paradigma entorno al cual se desarrollan: *locus genitalis* de la salud frente a los sexos de la sexología.

3) la metodología aplicada: resolutiva sanitaria desde el signo frente a la dialécticoreflexiva desde los sujetos sexuados en relación.

Por lo que cabe plantearse si todavía es posible y pertinente elaborar una clínica sexológica que obedezca más a la *clasificación de hechos* (Amezúa, 1995:21), propio del concepto de clínica, derivados del conocimiento sexológico (desde el conocimiento de la diversidad existente por el hecho de ser sexuados); o si, por el contrario, el epígrafe de sexología clínica seguirá subyugado irreparablemente al terreno de la salud y sus

---

73 Proceso comenzado a finales del siglo XVIII (coincidiendo con el cambio de época (Foucault, 2010) y en la antesala del surgimiento de la clínica moderna (Foucault, 2007)) con la instauración de la Medicina moderna como estrategia biopolítica y de control social (Foucault, 1977:4-5) y que en la actualidad se entiende como un proceso por el cual los problemas no médicos se convierten y definen en problemas médicos, generalmente en términos de enfermedad y trastorno (Conrad, 2007:4).

74 Como recuerda William J. Robinson, que formó parte del Instituto de Sexología de Hirschfeld: en el asesoramiento la educación desempeña un papel mayor que el tratamiento en sentido estricto (Dose, 2014:100).

consecuencias[75].

Por nuestra parte, entendemos que no sólo es posible y pertinente sino que, visto el panorama general en torno a la sexología clínica, también importante y urgente en la medida en que pueda contribuir, por un lado, a reducir la creciente tendencia de *convertir todo problema de la existencia en problema de salud para ser curado* (Amezúa, 2010:17). Por el otro, a dar cuenta, comprensión y explicación (sin el recurrente recurso a la patología o el poder) de determinadas existencias de sujetos sexuados cuyas biografías, por el hecho de ser sexuados, no se ajustan morfológica, fisiológica, etológica y/o identitariamente al estrecho y constrictor criterio de normalidad o funcionalidad empleado en nuestras sociedades pasadas y contemporáneas.

Una clínica que, por estar basada en la comprensividad y no en la salud, no se elabora desde unidades diagnósticas sino desde *unidades epistémicas* (Amezúa, 2010:20) que permitan la comprensión y explicación de la diversidad y variabilidad por razón de sexo de los sujetos sexuados y de las relaciones que estos establecen. También cuando éstas produzcan algún tipo de dificultad.

---

75 Con las subsiguientes aplicaciones que de ello se derivan, por ejemplo, en lo referido a la regulación de su ejercicio: planes de estudio, contenidos y docencia, perfil profesional, etc. Lo cual puede observarse en aquellas entidades de formación en sexología en las que, como requisito de entrada, se sitúa licenciatura en medicina, psicología clínica o enfermería. Lo que no deja de resultar chocante cuando Masters y Johnson evidenciaron que su sex therapy era básicamente un proceso educativo. Dicho sea de paso, como dato anecdótico, es todavía más chocante cuando, en palabras de Masters, al menos el 70% de la terapia fue idea suya [de Virginia Johnson] (Maier, 2009:179), que no era médico, ni enfermera, ni psicóloga (menos aún clínica) sino que únicamente inició estudios en sociología que no pudo concluir por la dedicación a sus investigaciones (Maier, 2009:92). Todo ello nos lleva a plantear que se trata de una maniobra que, lejos de obedecer a fundamentaciones históricas, epistemológicas o académicas, debe situarse más cerca de determinados intereses de mercado o gremiales.

De manera que todas ellas, desde lo común a lo individual, desde lo general a lo particular, puedan primeramente conocerse y explicarse como fenómenos razonables desde la episteme de los sexos, como principal elemento que contribuye a su desproblematización.

Y posteriormente, en el caso de que produzcan dificultades en los sujetos y sus relaciones, sobre las que también puedan abordarse de manera más específica (Amezúa, 2010:29-31).

Si en el terreno de las dificultades de los sexos y entre sí, la clínica médica y psicológica moderna se ha organizado y clasificado *desde la demanda* a partir de las conocidas unidades diagnósticas, la clínica sexológica, por su pretensión comprensiva/explicativa y no reparadora/sanadora, tiene la capacidad de clasificar los hechos *desde la oferta*[76] en la medida en que se organiza desde las unidades epistémicas.

Clasificación epistémica que ya no se basa en curvas fisiológicas simplificadas de respuestas organísmicas relacionadas con la excitación y el orgasmo, sino en el *Hecho Sexual Humano*[77] y sus campos conceptuales (Gervás y Celis, 2000) que suponen el *marco de reflexión epistemológica* (Lanas, 1997; 2003:14) en sexología[78].

---

76 Y, con ello, abocado irremediablemente a lo anormal, insano, patológico, disfuncional, degenerativo, trastornado, etc., y sus correspondientes tratamientos curativos, reparadores, terapéuticos o restauradores de la preestablecida función genital, excitativa, orgásmica, etc., normal inexistente que ha de estar presente en el sujeto sexuado para ser considerado sano o saludable.

77 Las clasificación desde la oferta son las que ordenan los problemas desde el estudio del fenómeno vivido por los sujetos y organizan lo que puede plantearse como dificultad, vayan o no a la consulta (Amezúa, 2010:45).

78 Propuesta de mapa conceptual de referencia articulado en diferentes registros o campos conceptuales, elaborado y presentado por Amezúa en 1978. Desde entonces, el autor ha ido actualizándolo y ampliándolo hasta darlo por concluido en 2001. Este mapa de Hecho Sexual Humano ha ido desarrollándose de la siguiente manera: sexo, sexualidad y erótica (Amezúa, 1978); sexuación, sexualidad y erótica (Amezúa, 1992); sexuación, sexualidad,

En definitiva, se trata de plantear que de cara a una sexología clínica más sexológica, así como ha llevado y lleva tiempo drenar el pensar médico y psicopatológico de la teorización de los sexos, también es probable que nos lleve tiempo drenar el hacer sanitario y psicoterapéutico de la intervención sexológica en consulta (Díez, 2012b).

Lo cual no significa prescindir del conocimiento que otras disciplinas puedan y deban aportar al conocimiento de los sexos. Más bien al contrario: supone ampliar el ámbito e incrementar mutuamente la permeabilidad del conocimiento de otras disciplinas.

Por ejemplo, en medicina sexual, referida ya a los sexos, se podrían aportar más conocimientos, además de conocer cómo influyen las enfermedades y tratamientos en la fisiología genital y orgásmica (Mas, 2005; Lucas, 2007), sobre cómo éstas y otras influyen en la biografía de los sujetos sexuados que son, hombres y mujeres, en sus identidades, percepciones, convivencias, expectativas, deseabilidad, intimidad, etc.

Conclusiones

El habitual desinterés por la historia de la sexología, más acusado si cabe en Estados Unidos y especialmente por aquello que sucedió más allá de sus fronteras, así como la creciente promoción de la multidiscipinaridad, ha dado lugar a una lectura de Masters y Johnson mutilada, desvinculada del hilo de la historia sobre el concepto de sexo y basada preponderantemente en otras disciplinas, como la medicina o la psiquiatría y la psico(pato)logía, ignorando la centenaria tradición disciplinar de la sexología, que Iwan Bloch ya presentó a principios del siglo XX como el resultado de centrarse en un punto de vista: el sexo, en tanto hombre y mujer.

---

erótica y amatoria o ars amandi (Amezúa, 1999); sexuación, sexualidad, erótica, ars amandi, pareja y procreación (Amezúa, 2001).

Fruto de ello, las interpretaciones y evaluaciones que han recibido las publicaciones más conocidas de Masters y Johnson, *Human Sexual Response* y *Human Sexual Inadequacy*, han sido muy distintas dependiendo de la procedencia disciplinar. Sin embargo, todas lo han hecho bajo el mismo adjetivo 'sexual', convertido después en 'sexológico'.

Así, desde la medicina se tiene por 'sexual', luego 'sexología', básicamente lo referido a la anatomía y fisiología genital; y se interesan fundamentalmente, por tanto, en la *Respuesta sexual humana*. Desde la psico(pato)logía se tiene por 'sexual', luego 'sexología', básicamente lo referido a la conducta genital; y se interesan fundamentalmente, por tanto, en la *Inadecuación sexual humana*.

Esto resulta especialmente llamativo pues, para definir la sexología desde Masters y Johnson, se diría que dichas disciplinas no han utilizado todas las publicaciones de estos autores, ni tan siquiera las más actuales, sino que cada una se ha valido de la publicación que más se acomodaba al conocimiento previo o histórico de su propia disciplina. Visto con la perspectiva de la obra entera, resultan chocantes esas lecturas mutiladas.

En la medida en que ambas se han interesado, además, en el uso y orígenes de los placeres derivados, al anterior grupo de disfunciones resultantes se han sumado las actualmente denominadas parafilias.

Este paso, de nombrar como sexología clínica a toda esta clínica en torno a la patología sexual, ha servido, entre otras cosas, para aunar estas dos disciplinas preeminentes en el campo de las dificultades entre los sexos bajo un mismo espacio y rebajar así, pero no eliminar, la tensión producida por la periódica guerra de cifras sobre causas (físicas/psicógenas/mixtas) y tratamientos (médicos/psicológicos/combinados).

De tal manera que si la sexología surgió como alternativa a la *Psychopathia sexualis*, un siglo después observamos los esfuerzos por revertir tal suceso en la medida que se ha sustantivizado el adjetivo sexual sin tocar nada más. Es decir, pese a que se nombra sustantivamente (sexología), lo sustantivo o

71

central sigue siendo el problema o la patología ((psico)patología sexual).

En marcado contraste, se diría que con procedimiento casi inverso, Masters y Johnson, revestidos del lenguaje médico científico que el contexto exigía, exponen los resultados de sus investigaciones donde subrayan por activa y por pasiva que la gran mayoría de dificultades entre los sexos no son patologías físicas ni psíquicas, que su resolución básicamente consiste en un proceso educativo y que no es la fisiología, la disfunción o la conducta el objeto de la intervención sino el *ars amandi*.

Donde además destaca que, si la mayor parte de las causas de las denominadas disfunciones sexuales (con sus correspondientes angustias e insatisfacciones) en los encuentros entre los sexos era atribuida por Masters y Johnson, en el último tercio del siglo XX, al desconocimiento, ignorancia y poco acceso a la información, comenzando el siglo XXI podemos encontrarnos con igual angustia e insatisfacción, pero por exceso de (mala) información.

Y es que la inundación desmedida de todo tipo de mensajes prescriptivos sobre las relaciones eróticas entre los sexos ha convertido lo deseable e incluso esperable en apetencias, frecuencias, lugares, respuestas genitales, prácticas, etc., en obligatorio.

De tal manera que cuando esto no se produce dichos mensajes subrayan que se tiene un problema, contribuyendo a crear un círculo vicioso de angustia e insatisfacción entre los sexos. Aunque esta vez, por información errónea o pseudocientífica como, por ejemplo, que existe la normalidad (convertida luego en saludable) en la experiencia sexuada, erótica y relacional entre los sexos.

Consecuencias todas ellas de mensajes más relacionados con "cómo se debe hacer para disfrutar" que con "cómo disfrutar con lo que se hace" o que "más importante que lo que se hace (o no se hace) es cómo se vive aquello que se hace (o no se hace)".

Por todo ello, hoy, a las puertas de los 50 años de la publicación de *Human Sexual Inadequacy* donde Masters y

Johnson presentan el dispositivo de la *sex therapy* que diseñaron, ensayaron y evaluaron en laboratorio, consideramos que sus principio básicos y estrategias siguen siendo plenamente vigentes, pese a las adaptaciones de formato que se han ido haciendo, toda vez que el ejercicio profesional habitualmente no se realiza en clave de laboratorio.

Sex therapy que, en esta línea, no sólo sirve para resolver las situaciones que llevan a las parejas a dichas consultas sino que, basado en este nuevo *ars amandi* o *modus operandi* de la relación, contribuye a construir un modo de estar juntos que, de por sí, genera menos situaciones percibidas como insatisfactorias o incluso problemáticas.

En consecuencia, nos cuesta entender, no digamos aceptar, que la sexología, incluida su vertiente clínica, participa de las ciencias de la salud cuando epistemológicamente surgió como alternativa al discurso médico existente y el trabajo con problemas y dificultades entre los sexos se basa fundamentalmente en un proceso educativo.

Por ello, y en coherencia tanto con el concepto de sexo como con el dispositivo de la *sex therapy* de Masters y Johnson, vemos necesario avanzar en la vertiente clínica de la sexología organizada desde la oferta tal y como ya ha sido planteada.

De manera que no solo contribuya a resolver las dificultades y problemas con los que los sexos puedan encontrarse a lo largo de sus biografías sino que contribuya, de por sí, a generar menores situaciones de dificultad.

Bibliografía

ABENOZA, Rosa (2003): Asesoramiento sexológico ¿De qué hablamos…?. I *Jornadas de sex counselling o asesoramiento sexual*. AEPS, Valladolid, pp. 25-33.

ASOCIACION ESTATAL DE PROFESIONALES DE LA SEXOLOGIA (1993): *Estatutos*. AEPS, Valladolid.

AMERICAN PSYCHIATRIC ASSOCIATION (1952): Diagnostic and statistical manual: Mental disorders. Washington, DC: Author.

__(1968): Diagnostic and statistical manual: Mental disorders. (2nd ed.) Washington, DC: Author.

__(1974): Diagnostic and statistical manual: Mental disorders. (2nd ed., seventh printing) Washington, DC: Author.

__(1980): Diagnostic and statistical manual: Mental disorders. (3rd ed.) Washington, DC: Author.

__(1987): Diagnostic and statistical manual: Mental disorders (3rd ed., revised) Washington, DC: Author.

__(1994): Diagnostic and statistical manual: Mental disorders. (4th ed.) Washington, DC: Author.

__(2000): Diagnostic and statistical manual: Mental disorders (4th ed., text rev.) Washington, DC: Author.

__(2013): Diagnostic and statistical manual: Mental disorders. (5th ed.) Arlington, VA: American Psychiatric Publishing.

AMEZÚA, Efigenio (1978): "Una nueva forma de ver y de vivir la sexualidad". Revista Vida Sanitaria, No 2, pp. 31-38.

__(1979): La sexología como ciencia: Esbozo de un enfoque coherente del hecho sexual humano. *I Semana de estudios sexológicos de Euskadi.* Hordago, Donostia, pp. 13-27.

__(1992): Sexología: cuestión de fondo y forma. La otra cara del sexo. *Revista española de sexología,* N° 49-50, Instituto de Sexología Incisex, Madrid.

__(1995): "¿Qué sexología clínica?". *Anuario de sexología,* N° 1, AEPS, Valladolid, pp. 21-26.

__(1998): "Cuestiones históricas y conceptuales: el paradigma del hecho sexual, o sea de los sexos, en los siglos XIX y XX". *Anuario de Sexología*, N° 4, AEPS, Valladolid, pp. 5-19.

__(1999a): Teoría de los sexos. La letra pequeña de la sexología. *Revista española de sexología,* N° 95-96, Instituto de Sexología Incisex, Madrid.

__(1999b): "Líneas de intervención en sexología. El continuo "sex therapy - sex counselling - sex education" en el nuevo *ars amandi".* *Anuario de Sexología,* N° 5, AEPS, Valladolid, pp. 47-68.

__(2000a): El *ars amandi* de los sexos. La letra pequeña de la sex therapy. *Revista española de sexología,* N° 99-100, Instituto de Sexología Incisex, Madrid.

__(2000b): "La terapia sexual de Masters y Johnson desde el marco de la sexología: concepto y claves básicas". *Anuario de sexología,* N°6, AEPS, Valladolid, pp. 5-14.

__(2001): Educación de los sexos. La letra pequeña de la educación sexual. *Revista española de sexología,* N° 107-108, Instituto de Sexología Incisex, Madrid.

__(2003): El sexo: Historia de una idea. *Revista española de sexología,* N° 115-116, Instituto de Sexología Incisex, Madrid. Accesible en:

http://www.sexologiaysociedad.com/RES_115_116.pdf [Consultado el 15/04/2014]

__(2006): Sexologemas. *Revista española de sexología*, N° 135-136, Instituto de Sexología Incisex, Madrid.

__(2010): Dos nociones muy útiles en sexología: Dificultades comunes y peculiaridades eróticas. *Revista española de sexología*, N° 160, Instituto de Sexología Incisex, Madrid.

__(2012): Historia de una curiosidad: Sexus y Eros (el léxico, la metáfora y el concepto). *Revista española de sexología*, N° 173-174, Instituto de Sexología Incisex, Madrid.

BANCROFT, John (2002): The medicalization of female sexual dysfunction: the need for caution. *Archives of Sexual Behavior,* 31(5), pp. 451-5.

BELLIVEAU, Fred y RICHTER, Lin (1974): *La inadaptación sexual según Masters y Johnson.* Fontanella, Barcelona. (Original de 1970).

BEYEBACH, Mark (1999): Introducción a la Terapia Centrada en las Soluciones. En NAVARRO, José, FUERTES Antonio y UGIDOS, Tomasa (Ed.): *Prevención e intervención en Salud Mental.* Amarú, Salamanca.

BLOCH, Iwan (1907): *Das Sexualleben unserer Zeit in seinen Beziehungen zur modernen Kultur.* Louis Marcus Verlagsbuchhandlung, Berlin. (Versión castellana: BLOCH, Iwan (1924): *La vida sexual contemporánea* (2 vols.), Ed. Internacional).

CABELLO, Francisco (2005): Perspectiva de la sexología al comienzo del siglo XXI. En ALONSO, Itziar (Ed.): *Actualizaciones en sexología clínica.* Servicio editorial universidad del País Vasco, País Vasco, pp. 13-28.

CABELLO, Francisco (2010): *Manual de sexología y terapia sexual.* Síntesis, Madrid.

CHAPERON, Sylvie (2007): *Les origines de la sexologie* (1850-1900), Éditions Audibert, Paris.

CONRAD, Peter (2007): *The Medicalization of Society. On the Transformation of Human Conditions into Treatable Disorders.* The Jons Hopkins University Press, Baltimore.

CREPAULT, Claude (1993): Sexoanálisis y proceso sexoanalítico. En CREPAULT, Claude y TEMPRE, Jean Pierre (Dirs.): Nuevas vías en sexología clínica. *Revista española de sexología*, N° 57-58, Instituto de Sexología Incisex, Madrid, pp. 45-76. (Original de 1989).

__(1997): *La sexoanalyse.* Payot, Paris.

__(2005): Nouvelles hypothèses en sexoanalyse. En CREPAULT, Claude y LEVY, Joseph (Dirs.): *Nouvelles perspectives en sexoanalyse.* Presses de l'Université du Québec, Canadá, pp. 11-32.

75

CROZIER, Ivan (ed.) (2008): *Sexual inversion: a critical edition*: Havelock Ellis and John Addington Symonds (1897), Palgrave Macmillan, Basingstoke.

DECKER, Hannah (2013): The Making of DSM-III®. A Diagnostic Manual's Conquest of American Psychiatry. Oxford University Press, New York.

DIEZ, Samuel (2012a): Focalización sensorial y marco sexológico. Una propuesta. *Revista española de sexología,* N° 170, Instituto de Sexología Incisex, Madrid.

DIEZ, Samuel (2012b): Asesoramiento sexológico: nuevas reflexiones y aportaciones desde la sexología. Ponencia realizada en la Jornada "Discursos, modelos y perspectivas en intervención sexológica". AEPS 9-10 noviembre, Vitoria-Gasteiz.

DOAN, Robert (2009): ¿Quién se iría a la cama con el modelo médico? Un enfoque narrativo/ecléctico de la terapia sexual. En GREEN, Shelley y FLEMONS, Douglas (Comp): *Manual de Terapia Breve Sexual.* Paidós Ibérica, Barcelona, pp. 233-257. (Original de 2004).

DOSE, Ralf (2014): *Magnus Hirschfeld. The origins of the gay liberation movement.* Monthly Review Press, New York.

DUPRAS, André y DIONNE, Hélène (1987): L'émergence de la sexologie au Québec. *Scientia Canadensis: Canadian Journal of the History of Science, Technology and Medicine,* 11, 2 (33), pp. 90-108.

ELLIS, Havelock (1894): *Man and Woman: A Study of Secondary and Tertiary Sexual Characteristics.* (Revised 1929) Houghton Mifflin Company, EEUU.

FERNANDEZ DE QUERO, Julian (2011): *Terapia sexual y de pareja desde una perspectiva integral de género.* Bubok Publishing.

FLASSES (2008): *Manual diagnóstico de las enfermedades en sexología.*

FOERSTER, Heinz von (1994): Construyendo una realidad. En WATZLAWICK, Paul (Comp.): *La realidad inventada. ¿Cómo sabemos lo que creemos saber?* Gedisa, Barcelona, pp. 38-56. (Original de 1981).

FOUCAULT, Michel (1977): "Historia de la medicalización". *Educación médica y salud,* 11 (1), pp. 3-25.

__(2007): *El nacimiento de la clínica. Una arqueología de la mirada médica.* Siglo XXI, Madrid. (Original de 1963).

__(2010): *Las palabras y las cosas. Una arqueología de las ciencias humanas.* Siglo XXI, Madrid. (Original de 1966).

FRANCO, Manuel y LANDARROITAJAUREGI, José Ramón (2005): Sexología y salud sexual. Crítica a una salud sexual en crisis y aportaciones saludables desde la sexología. En MONTEJO, Angel Luis (Coord.): *Sexualidad, psiquiatría y cultura.* Glosa, Barcelona, pp. 89-111.

FRASER, Scott y SOLOVERY, Andy (2009): Un enfoque catalítico de la terapia sexual breve. En GREEN, Shelley y FLEMONS, Douglas (Comp): *Manual de Terapia Breve Sexual.* Paidós Ibérica, Barcelona, pp. 283-314. (Original de 2004).

GARTON, Stephen (2006): *Histories of sexuality.* Equinox, London.

GERVAS, Juan y CELIS de, Mónica (2000): "Dificultades sexuales en atención primaria: una propuesta de intervención". *SEMERGEN-Medicina de familia,* 26 (5), Sociedad Española de Médicos de Atención Primaria, España, pp. 253-269. Accesible en: http://zl.elsevier.es/es/revista/semergen-medicinafamilia-40/articulo/dificultades-sexuales-atencion-primariauna-propuesta-11091 [Consultado el 15/04/2014]

GIAMI, Alain (2008): Two facets of the medicalization of sexuality in the late 20th century: AIDS & Viagra. *Tidsskrift for Norsk Psykologforening,* 45 (6), pp. 671-673.

GOMEZ, Javier (2013): *Psicología de la sexualidad.* Alianza Editorial, Madrid.

GREEN, Shelley y FLEMONS, Douglas (2009): *Manual de terapia breve sexual.* Paidós Ibérica, Barcelona. (Original de 2004).

GREENBERG, Gary (2013):The Book of Woe: The DSM and the Unmaking of Psychiatry. Blue Rider Press, New York.

HAEBERLE, Erwin (1981): Swastika, pink triangle, and yellow star. The destruction of Sexology and the persecution of homosexuals in Nazi Germany. *The Journal of Sex Research,* 17 (3), pp. 270-287. Accesible en: http://www.sexarchive.info/GESUND/ARCHIV/SWAST.HTM [Consultado el 15/04/2014]

__(1982):The Jewish contribution to the development of sexology. *The Journal of Sex Research,* 18(4) , pp. 305-323.

__(1983): *The birth of Sexology: A brief history in documents.* World Association for Sexology.

HAWTON, Keith (1988): *Terapia sexual.* Ediciones Doyma, Barcelona. (Original de 1985).

HINDERLITER, Andrew C. (2010): Defining paraphilia: Excluding exclusion. Open Access Journal of Forensic Psychology, 2, pp. 241-272. Accesible en http://www.forensicpsychologyunbound.ws/OAJFP/Volume_2__2010 _files/Hinderliter%202010.pdf [Consultado el 15/04/2014]

IRVINE, Janice (2005): *Disorders of desire. Sexuality and gender in modern American sexology.* Philadelphia, Temple University Press.

KAPLAN, Helen (1978): *The new sex therapy. Active treatment os sexual dysfunctions.* Penguin Books, Gran Bretaña. (Original de 1974).

LAMEIRAS, María, CARRERA, María Victoria y RODRIGUEZ, Yolanda (2013): *Sexualidad y salud.*

El estudio de la sexualidad humana desde una perspectiva de género. Servicio de publicaciones de la universidad de Vigo, Vigo.

LANAS, Manuel (1996): Sexología: hacia su epistemología interna. *Anuario de sexología*, N° 2, AEPS, Valladolid, pp. 43-58.

__(1997a): Razones para la existencia de una Ciencia Sexológica. *Revista española de sexología*, N° 83-84, Instituto de Sexología Incisex, Madrid.

__(1997b): Aproximación epistemológica a la sexología. En GOMEZ, Javier (Ed.): *Avances en sexología.* Universidad del País Vasco – Euskal Herriko Unibertsitatea, Bilbao, pp. 99-110.

__(1999): La pareja como experiencia constructiva. *Anuario de sexología*, N° 5, AEPS, Valladolid, pp. 119-134.

__(2003): Sexología: Filosofía de una dedicación. *I Jornadas de sex counselling o asesoramiento sexual.* AEPS, Valladolid, pp. 9-20.

__(2009): Apuntes de una psicopatología para la sexología. *Anuario de sexología*, N° 11, AEPS, Valladolid, pp.83-88.

__(2011): Lo tratado y aquello de lo que se trata en terapia sexual. Apuntes del difícil diálogo entre sexología y salud mental. Ponencia realizada en la Jornada "Sexología y Salud (sexual). Aportaciones a un controvertido modelo de bienestar de los sexos". AEPS 4-5 noviembre, Madrid.

LANDARROITAJAUREGI, José Ramón (1997): "Nuestra impotencia con las causas y las causas de la impotencia. Médicos contra psicólogos y viceversa". *Boletín de información sexológica*, N° 19, AEPS, Valladolid, pp. 1-2.

__(2000): Términos, conceptos y reflexiones para una comprensión sexológica de la transexualidad. *Anuario de sexología*, N° 6, AEPS, Valladolid, pp. 79-126.

__(2001): 25 años del instituto de sexología. Una conversación teórica con Amezúa. *Anuario de sexología*, N° 7, AEPS, Valladolid, pp. 7-38.

__(2002): Para mejor entender la respuesta orgásmica masculina. En SECO, Koldo: Eyaculación Precoz.

Revisión conceptual e investigación clínica. *Revista española de sexología*, N° 113-114, Instituto de Sexología Incisex, Madrid, pp. 19-50.

__(2010): Reflexiones cítricas para sexólogos avezados. Para una epistemología sexológica. *Revista española de sexología*, N° 157-158, Instituto de Sexología Incisex, Madrid.

LEJÁRRAGA, Juan y DÍEZ, Samuel (2013): Virginia E. Johnson, 1925-2013, sexóloga. Sexología en redes sociales, [blog] 30 de septiembre. Accesible en: http://wp.me/p3FSXR-fF [Consultado el 15/04/2014]

LEVIN, Robert (1978): Prefacio. En MASTERS, William y JOHNSON, Virginia: *El vínculo del placer.* Grijalbo, Barcelona. (Original de 1974).

LLORCA, Ángeles (1995): La Liga Mundial para la reforma sexual sobre bases científicas (1928-1935). *Revista española de sexología*, N° 69, Instituto de Sexología Incisex, Madrid.

__(1996): *El nacimiento de la sexología como ciencia moderna en Alemania a principios del siglo XX*. Tesis doctoral inédita.

__(1996b): La obra sexológica de Iwan Bloch. *Revista española de sexología*, N°74-75. Instituto de Sexología, Madrid.

__(1997): Magnus Hirschfeld y su aportación a la ciencia sexológica. *Revista española de sexología*, N° 81-82. Instituto de Sexología, Madrid.

LUCAS, Manuel (2007): Clínica sexológica en las enfermedades crónicas. En LUCAS, Manuel y CABELLO, Francisco: *Introducción a la sexología clínica*. Elsevier, Madrid, pp. 77-116.

LUCAS, Manuel y CABELLO, Francisco (2007): *Introducción a la sexología clínica*. Elsevier, Madrid.

MAIER, Thomas (2009): *Masters of Sex. The Life and Times of William Masters and Virginia Johnson, the Couple Who Taught America How to Love*. Basic Books, New York.

MALÓN, Agustín (2012): ¿El derecho a una educación sexual? Entre los discursos de salvación y la ausencia de conocimiento. Educatio XXI, 30 (2), pp. 207-228. Accesible en: http://revistas.um.es/educatio/article/download/153761/140801 [Consultado el 15/04/2014]

MANZANO, Manuel (1999): El sexoanálisis: un nuevo modelo de tratamiento específicamente sexológico. *Anuario de sexología*, N° 5, AEPS, Valladolid, pp. 135-158.

MAS, Manuel (2005): Sexualidad y salud: impacto de las enfermedades y sus tratamientos sobre la función sexual. En ALONSO, Itziar (Ed.): *Actualizaciones en sexología clínica*. Servicio editorial universidad del País Vasco, País Vasco, pp. 85-100..

MASTERS, William y JOHNSON, Virginia (1978): *El vínculo del placer*. Grijalbo, Barcelona. (Original de 1974).

__(1981): *Human sexual inadequacy*. Bantam books, USA. (Original de 1970).

__(1986): *Human sexual response*. Bantam books, USA. (Original de 1966).

MASTERS, William, JOHNSON, Virginia y KOLODNY, Robert (1977): *Ethical issues in sex therapy and research*. Little, Brown and company, USA.

__(1988): *Sex and human loving*. Little, Brown and company, USA. (Original de 1982).

__(1995): *Heterosexuality*. HarperPerennial, USA. (Original de 1994).

MCGRADY, Patrick M. (1972):The love doctors. Macmillan Company, New York.

MOYNIHAN, Ray y MINTZES, Barbara (2010): *Sex, Lies and Pharmaceuticals*, Greystone Books, Vancouver.

MOYNIHAN, Ray y HENRY, David (2006): The fight against disease mongering: Generating knowledge for action. *PLoS Med* 3(4), p. e191.

NOTTINGHAM, Chris (1999): The pursuit of serenity: Havelock Ellis and the New Politics. Amsterdam, Amsterdam University Press.

O'HANLON, Bill (2009): ¿Una vez más? De la terapia de posibilidades a la terapia sexual. En GREEN, Shelley y FLEMONS, Douglas (Comp): *Manual de Terapia Breve Sexual*. Paidós Ibérica, Barcelona, pp. 37-54. (Original de 2004).

OMS (1975): "Instrucción y asistencia en cuestiones de sexualidad humana: formación de profesionales de la salud". *Informe de una Reunión de la OMS. Serie de informes técnicos,* No 572, Ginebra.

OOSTERHUIS, Harry (2000): *Stepchildren of nature: Krafft-Ebing, Psychiatry and the making of sexual identity*. Chicago: University of Chicago Press.

OPS Y WAS (2009): *Salud sexual para el milenio. Declaración y Documento Técnico.* Washington, D.C. Accesible en: http://www.worldsexology.org/resources/millennium-declaration/ [Consultado el 15/04/2014]

PEREZ, Ester y LANDARROITAJAUREGI, José Ramón (1995): Teoría de pareja: Introducción a una sexología sistémica. *Revista española de sexología*, Nº 70-71, Instituto de Sexología Incisex, Madrid.

PORTER, Theodore (2012): "Positioning social science in Cold War America". En SOLOVEY, Mark y CRAVENS, Hamilton (eds.): *Cold War social science: Knowledge production, liberal democracy, and human nature*, Palgrave Macmillan, New York.

PRIETO, Jesús (2005): *Noguer - Balcells. Exploración clínica práctica*. Elsevier España, Barcelona.

ROBINSON, Paul (1976): *The Modernization of sex. Havelock Ellis, Albert Kinsey, William Masters, and Virginia Johnson*. New York: Harper & Row. (Versión castellana, La modernización del sexo, Villalar, Madrid, 1977. Reedición en *Revista Española de sexología*, Nº 67-68, Instituto de Sexología Incisex, Madrid).

RODRIGUEZ, Alberto y BEYEBACH, Mark (1994a): Terapia Sistémica Breve: trabajando con los recursos de las personas. En GARRIDO, Miguel y GARCIA, Jesús (Comp.): *Psicoterapia: modelos contemporáneos y aplicaciones*. Promolibro, Valencia, pp. 241-289.

__(1994b): La terapia sistémica como marco para generar nuevos relatos con las familias. En BOROBIO, Dionisio (Cord.): *Familia en un mundo cambiante*. Universidad Pontificia de Salamanca, Salamanca, pp. 365-386.

__(1997): "Reflexiones sobre el trabajo con soluciones en terapia familiar sistémica". *Cuadernos de terapia familiar*, Nº 34, Madrid, pp. 39-56.

ROGERS, Carl (1981): *Orientación psicológica y psicoterapia. Fundamentos de un enfoque centrado en la persona.* Narcea SA, España. (Original de 1942).

ROWLAND, David (2007): "Will medical solutions to sexual problems make sexological care and science obsolete?" *Journal of Sex & Marital Therapy,* 33, pp. 385–397.

SIGUSCH, Volkmar (2008): *Geschichte der Sexualwissenschaft.* Campus, Frankfurt.

SIGUSCH, Volkmar y GRAU, Günter (eds.)(2009): *Personenlexicon der Sexual-Forschung.* Campus, Frankfrut.

SULLOWAY, Frank (1983): *Freud, biologist of the mind.* Basic Books, New York.

TEMPRE, Jean Pierre (1993): Hacia una nueva sexología clínica. En CREPAULT, Claude y TEMPRE, Jean Pierre (Dirs.): Nuevas vías en sexología clínica. *Revista española de sexología,* N° 57-58, Instituto de Sexología Incisex, Madrid, pp. 7-44. (Original de 1989).

TIEFER, Leonore (1996): The medicalization of sexuality: conceptual, normative and professional issues. *Annual Review of Sex Research,* 7, pp. 252–282.

___(2000): Sexology and the pharmaceutical industry: the threat of co-optation. *Journal of Sex Research,* 37, pp. 273-83.

___(2001a): A new view of women's sexual problems: why new? Why now? *Journal of Sex Research,* 38 (2), pp. 89-96.

___(2001b): The selling of 'female sexual dysfunction' *Journal of Sex & Marital Therapy,* 27, pp. 625–628.

___(2002): Sexual behaviour and its medicalisation. Many (especially economic) forces promote medicalisation. *British Medical Journal,* 325 (7354), p.45.

___(2004): Biological politics (read: propaganda) remains alive and well in sexology. *Feminism & Psychology,* 14(3), pp. 436-441.

___(2006): Female sexual dysfunction: a case study of disease mongering and activist resistance. PLoS Med. 3(4), p. e178.

___(2009): Misconstruing sex therapy's dilemmas: the need for sexualwissenschaft, sex education, and primary prevention. *Archives of Sexual Behavior,* 38 (6), pp. 1046-7.

___(2010a): Beyond the medical model of women's sexual problems: a campaign to resist the promotion of female sexual dysfunction. *Sexual and Relationship Therapy,* 25 (2), pp. 127-135.

___(2010b): Still resisting after all these years: an update on sexual-medicalization and on the New View Campaign to challenge the medicalization of women's sexuality. *Sexual and Relationship Therapy,* 25 (2), pp. 189–196

__(2012): Medicalizations and demedicalizations of sexuality therapies. *Journal of Sex Research*, 49 (4), pp. 311-8.

SAEZ, Silberio (2004): La nueva terapia sexológica. Claves en terapia y asesoramiento sexual, o sea de los sexos. *Revista española de sexología*, N° 123-124, Instituto de Sexología Incisex, Madrid.

SECO, Koldo (2002): Eyaculación Precoz. Revisión conceptual e investigación clínica. *Revista española de sexología*, N° 113-114, Instituto de Sexología Incisex, Madrid.

SEECK, Andreas (1997): ¿Ilustración o recaída? El proyecto de establecimiento de una "sexología" y su concepción como parte de la biología. En AEPS: *Anuario de Sexología*, N° 3, Valladolid, pp. 41-65.

SHAZER DE, Steve (1999): *En un origen las palabras eran mágicas*. Gedisa, Barcelona. (Original de 1994).

SHAZER DE, Steve (2004): *Claves en psicoterapia breve. Una teoría de la solución*. Gedisa, Barcelona. (Original de 1988).

SLUZKI, Carlos (2008): Prefacio a la segunda edición castellana. En WATZLAWICK, Paul, BEAVIN, Janet y JACKSON, Don: *Teoría de la comunicación humana. Interacciones, patologías y paradojas*. Herder, España, pp. 11-14. (Original de 1967).

SR y SRA K (1973): *La pareja*. Grijalbo, México. (Original de 1971).

WALLACE, Irving (1987): *La cama celestial*. Planeta, España.

WALLERSTEIN, Immanuel (1995): The language of scholarship. Letter from the President, No. 3, International Sociological Association. Accesible en: http://wsarch.ucr.edu/wsnmail/95/0401.html

WATERS, Chris (2006): "Sexology" en *Palgrave advances in the modern history of sexuality*, H.G. Cocks y Matt Houlbrook (eds.) Palgrave Macmillan, Basingstoke/New York.

WATZLAWICK, Paul (1994): *La realidad inventada. ¿Cómo sabemos lo que creemos saber?* Gedisa, Barcelona, pp. 15-16. (Original de 1981).

__(1995): El sinsentido del sentido o el sentido del sinsentido. Herder, Barcelona. (Original de 1992).

__(2002): *El lenguaje del cambio. Nueva técnica de comunicación terapéutica*. Herder, España. (Original de 1977).

__(2009): *¿Es real la realidad? Confusión, desinformación, comunicación*. Herder, España. (Original de 1979).

WATZLAWICK, Paul, BEAVIN, Janet y JACKSON, Don (2008): *Teoría de la comunicación humana. Interacciones, patologías y paradojas*. Herder, España. (Original de 1967).

WATZLAWICK, Paul, WEAKLAND, John y FISCH, Richard (2007): *Cambio. Formación y solución de los problemas humanos*. Herder, España. (Original de 1974).

WEINER, Linda y AVERY-CLARK, Constance (2014): Sensate Focus: clarifying the Masters and Johnson's model. *Sexual and Relationship Therapy* DOI: http://dx.doi.org/10.1080/14681994.2014.892920

WETTLEY, Anne Marie (1990): De la psychopathia sexualis a la ciencia sexológica. *Revista española de sexología*, Nº 43, Instituto de Sexología Incisex, Madrid. (Original de 1959).

WILSON, Mitchell (1993): DSM-III and the Transformation of American Psychiatry: A History. *American Journal of Psychiatry*, 150 (3), pp. 399-410.

Biblioterapia en psicoterapia sexual – actualización para uso clínico

Oswaldo M. Rodrigues Jr.
Carla Zeglio
Diego H. Viviani
Instituto Paulista de Sexualidade
(www.inpasex.com.br)
GEPIPS - Grupo de Estudios y investigaciones del InPaSex

Introducción

La biblioterapia es una técnica utilizada en varias áreas de salud, con funciones en el tratamiento de varias enfermedades. Conceptualmente, se refiere al uso de lecturas dirigidas por el profesional encargado de acuerdo con objetivos programados. Las lecturas pueden ser libros o textos que se referirán al problema para comprensión o apoyo del proceso de tratamiento.

Discusión

En el tratamiento de problemas sexuales, la indicación de lectura de apoyo como lección de casa para los pacientes, se torna una actividad útil en varios aspectos:
- Comprensión del problema queja; comprensión de otros problemas sexuales existentes; comprensión de la existencia de problemas sexuales de la paraje; comprensión del funcionamiento fisiológico sexual;
- comprensión sobre el tratamiento;
- modificación de conceptos erróneos y facilitar la modificación de creencias inadecuadas sobre sexualidad.

85

Existe la necesidad de preparación y comprensión individualizada sobre el paciente y el problema queja.

Existen textos con lenguajes inadecuados o con lenguaje grosero (a ejemplo de cuentos eróticos) que afectan moralmente algunos pacientes, que necesitarán de adecuación en la indicación de biblioterapia. La literatura indicada necesita de seguimiento semanal de cómo se dio y cómo afectó el paciente, para que pueda producir efectos coherentes con los objetivos de la terapia, permitiendo la comprensión de cómo el paciente entiende su realidad y procesa las informaciones, de manera que se facilite los cambios que busca.

Consideraciones finales

Los autores produjeron un listado de publicaciones recientes, en portugués, que sirven para auxiliar el proceso de terapia sexual en pacientes con quejas y problemas sexuales. La literatura observada fue agrupada de acuerdo con las quejas y objetivos más comunes en el proceso psicoterápico sexual. Algunos ejemplos al lado de publicaciones:

Eyaculación Precoz

Problemas relacionados con la sexualidad siempre existieron. En cada época algunos de esos problemas adquirieron más relevancia y exigieron atención especial de los profesionales de la salud. Ya estamos estudiando la eyaculación precoz, o prematura, hace más de dos décadas. Actualmente, finalizando la primera década del siglo XXI e iniciando la segunda década, la atención que fuera dedicada a las dificultades de erección apunta hacia otro problema. Estamos en la época de la eyaculación precoz... Hace cien años, esta dificultad sexual sólo era importante cuando impedía la reproducción, cuando la eyaculación ocurría antes de la penetración. Sin eyaculación intravaginal no había fecundación y eso era un problema.

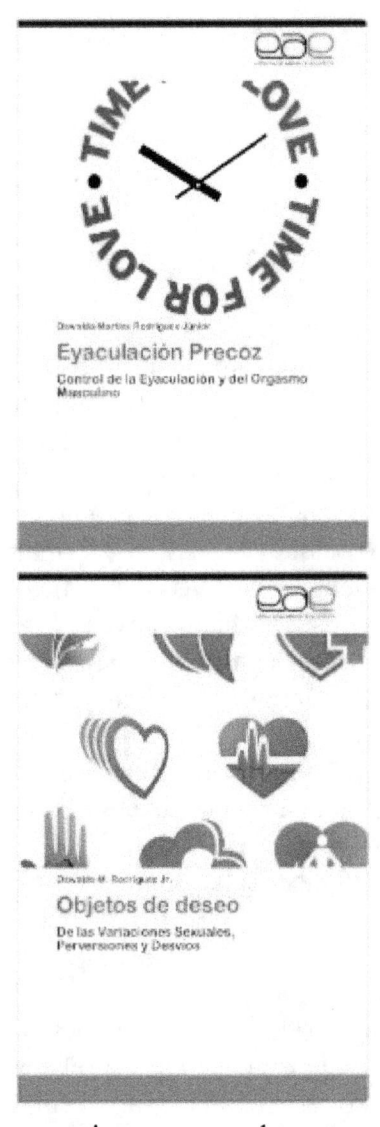

Objetos de deseo

El estudio de las variaciones de comportamiento sexual ocurre desde el final del siglo XIX. Grandes estudiosos alemanes, franceses e ingleses contribuyeron a la construcción de los conceptos de las variaciones de comportamiento sexual. Inclusive a finales del siglo XX, muchos profesionales de salud todavía consideraban los comportamientos sexuales como señales de patologías. Y muchos individuos todavía son juzgados por cuestiones morales en vez de recibir tratamiento profesional adecuado. Varios psicólogos-sexólogos han levantado la cuestión de rotular psicopatológicamente las personas apenas por sus prácticas, sin que exista una real psicopatología por detrás del comportamiento. Las expresiones sexuales no son necesariamente expresiones patológicas.

Antes, ¡son formas de obtención de placer! No se trata de decir "todo es normal", sino de diferenciar de forma más exacta lo que es psicopatológico de los comportamientos y expresiones de la sexualidad aprendidos en una trayectoria histórica de vida.

http://www.amazon.com/Objetos-deseo-Variaciones-Sexuales-Perversiones/dp/3659036579/

Vaginismo

El vaginismo es un problema sexual que, aunque aflige porcentualmente a pocas mujeres, exige un tratamiento cuando las parejas desean tener hijos. Buscar tratamiento ha sido un gran problema para estas mujeres que no encuentran profesionales que las ayuden de modo focal. Además de contar qué es y cuáles son sus causas, los autores muestran que hay formas científicamente probadas y prácticas para vencer este problema sexual. Los autores relatan cómo se realizó el camino de tratamiento con un grupo de pacientes, permitiendo que los psicoterapeutas perciban cómo trabajar con este tipo de problema en el consultorio, reconociendo cómo insertar técnicas psicoterápicas e comportamentales en un proceso psicoterápico para superar esta disfunción sexual.

https://www.amazon.com/Vaginismo-¡Quien-Calla-Siempre-Otorga/dp/8578930177

Cuentos Eróticos

Treinta cuentos eróticos en los que la intensidad del deseo, y el ardor de los cuerpos, dejan indiferente a nadie. Treinta relatos para sostener con una mano y disfrutar con la otra. Treinta cuerpos del deseo en capacidad de dorar, a fuego lento, la imaginación de los lectores. Un libro para conservar celosamente o hacer el mejor de los regalos a la más especial de las personas. La antología que el lector tiene en sus manos, Los cuerpos del deseo, es el resultado del concurso del mismo nombre, primero de narrativa erótica que se celebra en Miami, Estados Unidos, auspiciado por las editoriales Alexandria Library y Neo Club Ediciones. Alrededor de cien relatos resultaron prefinalistas del certamen, entre unas 700 obras participantes, de los cuales se escogieron para este libro los tres primeros premios, tres menciones y 24 finalistas.

Alfredo Avalos, Gerardo Cardenas, Maximo Sancho Pardo y otros. Los Cuerpos del Deseo. CreateSpace Independent Publishing Platform (November 29, 2012) - ISBN-10: 1481031643 / ISBN-13: 978-1481031646
Carmina Amoros ,Albert Andreu, Javier Azpeitia,Horacio Castellanos Moya, Esther Cross. Cuentos Eroticos de San Valentin. Tusquets Editor (February 1, 2007). ISBN-10: 848310377X / ISBN-13: 978-8483103777

Aprieta el calor, sobra la ropa, ya se vislumbra la isla paradisiaca desde la ventana del avion, se alarga la siesta, la jungla espera, el camping nudista empieza a llenarse, no hay colapsos en Internet ni colas en los cines... Todo se confabula para propiciar la aventura erotica del verano. Los dieciseis encuentros (o desencuentros) narrados en este volumen desvelan las multiples caras de un erotismo exacerbado por el torrido ambiente estival.

/ When it is hot, clothes are obsolete and we can see a paradisiacal island from the from window seat of the plane, you take longer siestas, the jungle awaits, the nudist camp is full of people, the Internet does not collapse and there are no long lines at the movies... everything conspires to a summertime of erotic adventures. The 16 encounters (or mishaps) we find in this book reveal the many faces of an erotism exacerbated at summertime.

Various authors Cuentos eroticos de verano (La Sonrisa Vertical). Tusquets (October 15, 2010) - ISBN-10: 8483835657 / ISBN-13: 978-8483835654

Traducción adaptación y evidencias de validez de la Escala de Autoeficacia Sexual Femenina para el español

Oswaldo M. Rodrigues Jr.
Itor Finotelli Jr.
Diego H. Viviani
Maria del Carmen Rodolico
Instituto Paulista de Sexualidade
(www.inpasex.com.br)
GEPIPS - Grupo de Estudios E investigaciones del InPaSex

Introducción

Escala de Autoeficacia Sexual Femenina fue elaborada con base en los ítems del cuestionario Escala de Autoeficacia Sexual – Función Eréctil (SSES-E) y contiene 28 afirmativas sobre el comportamiento sexual (ejemplo: pensar en la relación sexual sin quedar ansiosa o con miedo), distribuidas en ocho grupos específicos que incluyen las fases del funcionamiento sexual (deseo, excitación, orgasmo) y dificultades asociadas a ellas; en las cuales el sujeto debe marcar en la columna 1, si cree ser capaz o no de realizar tal comportamiento y especificar en la columna 2 cuantificar su grado de seguridad de 10 a 100 (10 para 'casi sin seguridad' y 100 para 'seguridad absoluta').

La escala utiliza medidas de auto-relato para su mensuración. Fue elaborada para uso clínico, específicamente para evaluación de las disfunciones sexuales femeninas; sin embargo, puede ser usada para comprensión cognitiva del funcionamiento sexual femenino, evolución del tratamiento y evaluación por la pareja, corroborando las respuestas dadas por el sujeto sobre su autoeficacia sexual.

Objetivo y Método

Este estudio tuvo como objetivo traducir, adaptar y evaluar el funcionamiento de la escala en la versión español.

Participaron del estudio 20 mujeres que no presentaban quejas sexuales, por muestra de conveniencia de un club social en la ciudad de Buenos Aires, con promedio de edad de 50 años (DP=14,55; Mín= 30 Máx=70), de las cuales 65% eran casadas, 20% divorciadas, 10% solteras y 5% viudas. El grado de instrucción se dividió igualmente en primaria, secundaria y nivel superior completo.

Para traducción y adaptación del instrumento, el método empleado fue traducción, retro traducción, análisis de equivalencia semántica y jueces independientes para confirmación del instrumento final.

Resultados

El análisis descriptivo presentó un promedio de puntuación de las mujeres de 57,75 (DP=19,09) siendo puntuación mínima de 23,21 y máxima de 96,00.

Al verificar este promedio por ítem, se verifica que 60% de ellas se encuentran arriba del promedio general. La mayor parte de los comportamientos fue señalada como posibles en superioridad, correspondiendo arriba de 80% en la muestra. Fue encontrada correlación negativa fuerte entre edad y autoeficacia sexual (=-0,75 p=0,01).

Finalmente, la consistencia interna, calculada por alfa de Cronbach demostró para escala total el coeficiente de 0,92 y todos los ítems presentaron correlación entre moderada y fuerte con puntuación total.

Conclusión

A partir del análisis de los resultados, se observó que el promedio encontrado de respuestas de sujetos, se encaja en puntuaciones promedio-altas, esperadas para sujetos no disfuncionales.

Otro importante dato también esperado, es la disminución de las puntuaciones en las mismas proporciones que la edad.

El análisis estadístico presentó excelente índice respecto a su consistencia interna y también en la relación con puntuación total.

Se considera que el instrumento cumplió con los requisitos de este estudio piloto (traducción, adaptación y aplicación); posibilitando la continuidad en poblaciones diferentes y muestras más significativas.

Referencias bibliográficas

- RODRIGUES JR, OM; Catão, EC; FINOTELLI JR., I; Silva, FRCS ; Viviani, DH . Escala de Autoeficacia Sexual-Función Eréctil (Versión E): estudio de validación clínica en Brasil. Revista Peruana de Psicometría, v. 1, p. 12-17, 2008.
- Rodrigues Jr., OM; Catão, EC; Finotelli Jr., I; Silva, FRCS: Viviani, DH. Escala de auto-eficácia
sexual – forma F – validação clínica brasileira – comunicação breve. Terapia Sexual, XI(1): 117-
119. (ISSN 1980-6124); 2008.
- Catão, EC; Finotelli Jr., I; Silva, FRCS; Rodrigues Jr., OM; Viviani, DH. Escala de Satisfação
Sexual para Mulheres: estudio piloto com amostra clínica. Terapia Sexual, XI(1): 115-116. (ISSN
1980-6124); 2008.

ESCALA DE AUTO-EFICACIA SEXUAL – forma F

Auxilia en la discriminación de las diferentes dificultades sexuales **femeninas**

Lista de **actividades sexuales que una mujer puede desarrollar.** Son comportamientos posibles para cualquier mujer normal.

Muchos de los comportamientos a seguir son extremadamente necesarios para un buen desempeño sexual femenino, otros son comportamientos sexuales que están abalados cuando hay una disfunción sexual.

Para cada comportamiento responda colocando en la columna "PUEDO" una X en las actividades sexuales que Ud. consigue hacer si fuese solicitada a realizarlas hoy.

Aquellas actividades que Ud. marcó "PUEDO", de un puntaje de 10 a 100 de acuerdo con la escala de abajo en la columna "CONFIANZA":

ESCALA DE CONFIANZA

10	20	30	40	50	60	70	80	90	100
Nunca				A veces					Siempre

Recuerde: colocar una X en las actividades que Ud. se siente capaz de realizar. De un puntaje que marque su confianza en hacer cada actividad si Ud. intentase hoy realizarla.

Cada actividad es independiente de las otras.

PARA HOMBRES

Proceda de la misma manera que su pareja sexual respondería siguiendo la escala arriba, para asignar según lo que Ud. siente como ella podría desempeñarse sexualmente hoy.

Ponga una X si Ud. consigue hacer "PUEDO"

Dé un número para su "CONFIANZA"

ESCALA DE CONFIANZA

10	20	30	40	50	60	70	80	90	100

Nunca   A veces   Siempre

	Puedo	confianza
01 puedo pensar en la relación sin permanecer ansiosa o con miedo		
02 puedo sentir deseo de sexo		
03 puedo tener la iniciativa para mantener actividades sexuales		
04 puedo sentirme cómoda cuando se habla de sexo enfrente de otras personas		
05 puedo excitarme sexualmente cuando me estimula mi pareja		
06 puedo sentirme sexualmente atrayente para mi pareja		
07 puedo obtener placer en el contacto sexual con la pareja sin que haya penetración		
08 puedo sentirme excitada sexualmente cuando inicio la actividad sexual		
09 puedo sentir que la entrada de la vagina se abre lo suficiente para permitir la penetración		
10 puedo tener lubricación vaginal suficiente para facilitar la penetración		
11 puedo tener relaciones sexuales con penetración vaginal		
12 puedo tener relación con penetración sin sentir dolor		
13 puedo conseguir orgasmos con manipulación genital durante el encuentro sexual		
14 puedo conseguir orgasmos con una penetración sin que haya manipulación genital		
15 puedo conseguir orgasmos solamente		

con manipulación solitaria		
16 puedo conseguir orgasmos, o con manipulación o con introducción de dedos u objetos cuando estoy sola		
17 puedo conseguir más de un orgasmo en cada relación sexual		
18 puedo conseguir orgasmos indiferentemente de quien sea la pareja sexual		
19 puedo masturbarme sola para conseguir placer erótico y sexual		
20 puedo pensar un encuentro sexual sin sentirme obligada a tener una relación sexual.		
21 puedo no aceptar o evitar una iniciativa sexual de la pareja si no quiere sexo		
22 puedo pedir a la pareja de que manera deseo ser estimulada sexualmente		
23 puedo obtener placer bajo estimulación oral o manual de la pareja		
24 puedo tener orgasmo bajo estimulación oral o manual de la pareja		
25 puedo tener sueños eróticos durante el dormir		
26 puedo tener fantasías sexuales o pensamientos eróticos durante el día		
27 puedo conseguir satisfacerme con posibles oportunidades sexuales sin frustrarme por no conseguir más sexo del que he obtenido		
28 puedo llevar a la pareja al orgasmo a través de otras formas que no sea la penetración		

SEX COACHING: El Nuevo Paradigma en Salud Sexual

Aleida Heinz
Pedro Briceno
Sexólogos Clínicos
www.amorsex.com

Finalmente, luego de frustrados intentos, "al fin" este capítulo se ha hecho realidad, divina realidad que nos ha recordado en todo momento el maravilloso mundo de la sexualidad.

Literalmente nos encontrábamos en una exquisita burbuja de amor mientras el piso de arriba de nuestra casa se incendiaba completamente. Eran las 9 am del sábado 8 de marzo 2014 cuando salimos a la calle, descalzos y envueltos en cobijas para ver como nuestra casa, y todos nuestros archivos incluyendo este capítulo, se consumía en llamas. Sin paredes pero juntos sintiendo el mismo amor y pasión del uno por el otro, hemos experimentado el tener un hogar sin casa. Nuestro hogar somos nosotros, nuestra relación somos los dos y nuestra burbuja de amor ha permanecido intacta a pesar del implacable fuego.

Hoy en día contamos con esta intensa experiencia la cual nos ha fortalecido haciéndonos sentir inmensamente agradecidos por nuestro amor, nuestra profesión como sexólogos, y de nuestros clientes y estudiantes de sex coaching. Damos fe del poder de la conexión íntima para una mejor vida y fortaleza personal, lo cual nos ha inspirado a escribir este capítulo sobre el maravilloso mundo del sex coaching, sus ventajas, filosofía y múltiples posibilidades, tanto para potenciar la vida sexual como para entrenarse y formarse en esta nueva profesión de Sex Coach.

Comúnmente en congresos, libros, ponencias y discursos aprendemos sobre las disfunciones sexuales, patologías, enfermedades y todo aquello que le impide a la gente expresarse sexualmente, lo cual es parte de una buena formación en el área. Sin embargo y más aún después de nuestra experiencia, nosotros deseamos transmitir algo diferente; es decir, hablar de lo bueno del sexo haciendo énfasis en el *cómo* llevar dicha información a la gente.

Sex Coaching: el *cómo* guiar y orientar sobre *el sexo, la sexualidad y la intimidad.*

Antes de definir el concepto de *sex coaching* quisiéramos disertar un poco este neologismo prestado del inglés. Cuando nos referimos a *sex coaching* la palabra sex no solo embarca el acto físico en sí, sino todo lo que tenga que ver con la sexualidad; es decir, nuestros deseos sexuales, nuestras fantasías sexuales, el placer sexual, nuestras expresiones sexuales, la intimidad y el acto sexual en sí.

Sex: El *Qué* de lo que vamos a orientar y a potenciar. Sexo es una palabra ubicua y controversial en muchas sociedades a pesar de encontrarse inclusive en el olor natural o perfume de la gente, en las miles de imágenes y mensajes eróticos en los medios de comunicación, e inclusive en alimentos y bebidas. El sexo es parte de nuestra sexualidad, es expresión, es sentir y es vivir. La manera de caminar, la forma de hablar, de bailar, de vestirnos, de relacionarnos, de conectarnos, de besar y de amar son expresiones de nuestra sexualidad. La sexualidad nos conecta con nosotros mismos y con otros seres humanos, nos ayuda a una mejor imagen de nosotros mismos, mejora la autoestima, nos ayuda a mantenernos saludables, y en especial nos hace sentir vivos.

Para muchos el sexo es algo de lo cual no se habla y a veces tampoco se hace. Es un tema limitado, mal entendido, no comprendido, y hasta frustrante e inmoral. Tanta ignorancia, tabúes, falsas creencias, y mitos han inhibido a miles de personas, impidiéndoles el pleno disfrute del placer sexual y su libre expresión, cualquiera que esta sea.

Hoy en día vemos más problemas de deseo sexual, tanto en hombre como en mujeres, de eyaculación rápida, así como de matrimonios "sexless" sin sexo, y de hombres aferrados a las prescripciones de las "pastillas mágicas" como Viagra, Levitra y Cialis, sin llegar a pensar siquiera en intimidad, conexión y placer. He aquí donde el coaching entra en juego, dando paso a una nueva y novedosa posibilidad.

Coaching: El *Cómo* vamos a orientar. El sustantivo coach y el verbo coaching son términos muy populares en los Estados Unidos, el cual significa "entrenador" utilizado mayormente en el contexto deportivo. Esta definición en español no le hace justicia a esta palabra anglosajona "coach". Coach etimológicamente proviene de la palabra húngara *kocsi* que era un vehículo llevado por caballos conducido por un *cochero* que acompañaba a pasajeros de un lugar a otro.

La palabra coach se comenzó a utilizar en el deporte en Estados Unidos evolucionando hasta significar no sólo el entrenamiento físico del atleta, sino también su preparación mental y emocional, saltando del campo empresarial al desarrollo personal. Hoy en día existe una gran variedad de coaches como por ejemplo el Coach de Vida, Coach de Finanzas, Coach de Liderazgo, Coach de Relaciones de Parejas, Coach de Nutrición, y muchas otras mutaciones.

La Federación Internacional de Coach (ICF) 1 define al coach como una relación profesional continua que ayuda a las personas a obtener resultados extraordinarios en la vida, en la profesión, en la empresa o en los negocios. A través del proceso de coaching, el cliente profundiza en su conocimiento, su rendimiento aumenta y mejora la calidad de vida (ICF Código de Éticas, www.coachfederation.org, 2014.)

Existe la creencia de que el Sex Coach es una sub-categoría originada del Coach de Vida, como una especialización dentro del marco de la Rueda de la Vida, pero no es realmente así. El Sex Coach tiene sus raíces en la Sexología.

La Sexología es la ciencia que estudia la conducta sexual. El sexólogo Ted McIlvenna, del Instituto de Estudios Avanzados de Sexualidad Humana (IASHS), dice que la Sexología es el estudio de lo que hacemos y pensamos sexualmente y como nos sentimos al respecto. En 1993 es utilizada y publicada por primera vez la palabra *Sex Coaching* por la Dr^a. Patti Britton en una conferencia de Salud Sexual. En los 90's la Dr^a. Britton y la muy reconocida sexóloga Betty Dodson daban uso a este término en sus prácticas privadas. En el 2005, es publicado el libro *"El Arte de Sex Coaching"* por la Dr^a. Patty Britton, el único libro actualmente publicado sobre Sex Coaching. Junto a este primer libro está la creación de la Asociación Mundial de Sex Coaches, el entrenamiento profesional de Sex Coaches del IASHS y la Universidad Online de Sex Coach, SCU, (www.SexCoachU.com), los cuales han convertido la práctica del sex coach en una profesión válida y reconocida.

Hoy en día, la *Universidad de Sex Coach, Sex Coach U*, está acreditada por *The World Association of de Sex Coaches*, por The Institute of Advanced Study of Human Sexuality, y por *American Association of Sexuality Educators Counselors and Therapist* (AASECT).

Sex Coach U está actualmente en 17 países, y está expandiéndose hacia Latinoamérica ofreciendo sus programas en Español.

La Dr^a.Patti Britton en su libro El Arte de Sex Coaching 2 explica que el Sex Coach debe tener una fuerte base sexológica con destreza clínica enfocada en resultados que ayuden al cliente a alcanzar su potencial sexual. Aquí es el cliente el que determina el resultado, donde el sex coach es un colaborador en el proceso hacia las metas del cliente, donde el enfoque es en las necesidades del cliente y no en las del coach.

Cliente + Sex Coach + Coaching = Sexualidad Añorada Hecha Realidad

Para nosotros el coaching es un proceso donde el Sex Coach ayuda al cliente a alcanzar su sueño o potencial sensual de tal manera que se sienta auto-realizado. La idea es crear un ambiente propicio para que el cliente se auto-descubra y así, a través de sus propios medios, pueda vencer los obstáculos que le impidan llegar al destino deseado. Coaching es un proceso de maduración, crecimiento y optimización del futuro potencial del cliente.

Le llamamos cliente y no paciente a esta persona que solicita la ayuda del Sex Coach. El cliente no es una persona enferma que tiene una patología diagnosticada por el Manual de Diagnóstico y Estadísticas de Desórdenes Mentales (DSM-V). El cliente es sencillamente una persona prácticamente sana, que no sufre de ninguna disfunción clínica, que quiere mejorar, superarse, satisfacerse y realizarse como ser humano.

Es importante la diferenciación entre cliente y paciente. El coach es el profesional apropiado para trabajar con un cliente. El paciente por otro lado, es atendido, dependiendo de su condición física o mental, por un médico bien sea urólogo, ginecólogo, psiquiatra, etc.

AQUÍ "GAP" ALLÁ
(Presente) (Futuro)

El proceso de coaching se basa en el presente y en la creación de un plan de acción hacia el futuro. Juntos, el coach y el cliente analizan ese espacio o "GAP" que es la distancia que separa al cliente de su futuro – potencial-.

G: Ganas A: Acción P: Plan

En este espacio o "GAP" es donde se encuentran los obstáculos o barreras que no le permiten al cliente avanzar. Esto pudiese ser falsas creencias que parecen realidad, su diálogo interno negativo que le hace dudar de su capacidad y resalta sus debilidades, la falta de reflexión y conciencia de sí mismo, la falta de compromiso y competencias, creatividad e inspiración. He aquí donde el corazón y la mente del cliente seguramente no están alienados o congruentes con lo que el mismo quiere alcanzar.

101

Los obstáculos son todas esas barreras reales o imaginarias que hacen que los sueños del cliente sean difíciles de alcanzar. Esto se debe a que la mayoría de las veces el cliente no sabe cómo afrontar los obstáculos o tiene un sistema de creencias que no le funciona.

Primero, para realmente poder realizar sus sueños, el cliente debe tener Ganas. Ganas es un gran deseo que nace del corazón con pasión, que puede ser causado por el dolor, la frustración o por inspiración visualizados y desarrollados en la mente.

Alonso Quijano le nació la inspiración de hacerse caballero andante a pesar de que esto no existía desde la Edad Media, tomándolo por lunático. La idea de hacer el bien en el mundo le nació desde lo más profundo de su corazón y la visualizó en su mente. De allí se hizo realidad su sueño y así nació Don Quijote de las puras Ganas.

Ganas o motivación es esa píldora milagrosa que tanto se anhela la cual le da chance a los sueños en convertirse en realidad. Ganas es el fruto de un gran deseo. Es ese enorme deseo que le da a la esperanza vida y que energiza el viaje del cliente en el confrontamiento de sus obstáculos. Ganas activa al proceso de creatividad. Todo es creado dos veces. Una vez en la mente – idea- y la segunda en la manifestación física de la idea. Sin Ganas los cambios no son permanentes. Sin Ganas el cliente oscila como un resorte de un lado a otro regresando a su estado inerte.

El cambio solo ocurre cuando el cliente toma acción y planea. El segundo paso para vencer los obstáculos es Acción y Plan. Una vez que las Ganas se radica en el corazón del cliente, se visualiza y se crea en la mente la Acción y el Plan. El cliente toma Acción para crear el Plan y del Plan toma más Acción para cerrar el GAP entre Aquí y Allá. La Acción pone el Plan en movimiento hacia delante, hacia el sueño añorado del cliente.

Alonso Quijano, una vez decidido con "Ganas" de convertirse en caballero andante, se atrevió a tomar Acción. Se visualizó teniendo aventuras, empezó a leer libros de caballería y creo su Plan. Se dio cuenta que necesitaba las armaduras, un caballo, un escudero, y una dama para dedicarle sus victorias, tomando así más Acción de acuerdo al Plan para realizar su sueño y convertirse en Don Quijote de la Mancha.

El cliente acude a un Sex Coach porque necesita ayuda para vencer los obstáculos que le impiden expresar su sexualidad completamente, quiere mejorar su relación o realizar sus metas sexuales. Por lo general, el mayor obstáculo reside en el sistema de creencias o pensamientos del cliente. Albert Einstein nos advirtió, "No podemos resolver problemas usando el mismo tipo de pensamiento que los creó".

Otros obstáculos muy comunes podrían ser una visión no muy clara o pobre de lo que se quiere sexualmente, falta de compromiso hacia las metas, o que simplemente el cliente se justifique con su edad, capacidades, estatus social o apariencia física.

El Sex Coach cuenta con muchas herramientas para ayudar al cliente. Existen dos herramientas fundamentales y básicas de todo buen Sex Coach, saber preguntar y saber escuchar. Saber hacer *la pregunta* adecuada hace que el cliente entre en un proceso dialectico.

Como Sócrates, el Sex Coach tiene que hacer preguntas de tal manera que hagan pesar al cliente, ver, inducir y crear las posibilidades que le den la motivación para actuar.

El cliente es el experto. El cliente conoce su historia sexual, su primer beso, la primera vez que se masturbó, su primer coito y sus fantasías. El cliente mismo es la mejor fuente de información en el proceso, el Sex Coach solo evoca las respuestas para hacerlo reflexionar sobre su sexualidad y así despertar sus "Ganas" de querer y comprometerse a alcanzar la meta deseada.

Consideramos que el cliente realmente sabe lo que debe hacer pero carece de la confianza suficiente para tomar acción y dar los pasos necesarios hacia el logro de sus metas sexuales. Al apoyar, creer y valorar las intenciones y respuestas del cliente, el sex coach crea un mensaje de fortaleza y una actitud positiva en el cliente, la cual le hace sentir capaz de lograr todo lo que se proponga con responsabilidad de sus acciones y respeto por su sexualidad.

Acción: Tener Placer o Evitar Dolor

Los seres humanos tendemos a tomar acción cuando queremos, o bien tener placer o evitar el dolor. Basado en esta premisa, el Sex Coach usa el *"Puedes – Quieres - Vas a hacer"* modelo de preguntas. El coach le pregunta al cliente ¿Qué puedes hacer?, para explorar las posibilidades; ¿Qué quieres hacer?, para escoger una posibilidad, y ¿Qué vas a hacer?, para comprometerlo a la acción.

Confianza: Acción Responsable y Positiva + Ganas

Las preguntas del Sex Coach deberían hacer que el cliente tome responsabilidad por su sexualidad, creando confianza y transparencia. Por ejemplo, la pregunta ¿Qué vas a hacer al respecto? insta al cliente a tomar responsabilidad por sus acciones.

Un ambiente de confianza entre el cliente y el Sex Coach causa la creación de la acción responsable y positiva hacia la meta. Además de esto, la confianza facilita el aumento de la motivación, es decir, al cliente le darán más "Ganas" de querer lograr el objetivo. Pudiese suceder que cuando no exista la confianza necesaria, la acción del cliente hacia su meta se retrase, sea muy lenta o inexistente. Por consiguiente, no habrá "Ganas" para crear el impulso de seguir.

El Sex Coach debe prestar atención a ciertas preguntas no recomendadas como las preguntas cerradas. Las preguntas cerradas son todas aquellas que se pueden responder con tan solo un solo "si" o un "no". Estas preguntas poco ayudan al cliente a pensar con profundidad; en vez, se recomienda que el Sex Coach haga en lo posible preguntas abiertas.

Estas son esas preguntas que requieren de respuestas largas y con un cierto razonamiento detrás de ellas, obligando al cliente a pensar creativamente al elaborar las repuestas. Por ejemplo, en vez de preguntar: ¿Tienes opciones?, una mejor pregunta sin duda seria, ¿Qué opciones tienes? o ¿Cómo enfrentarías los obstáculos?

El proceso de hacer preguntas no se basa en encontrar la pregunta perfecta sino en preguntar de tal manera que el cliente se vea forzado a pensar más profundamente sobre sus posibilidades, como por ejemplo decirle "Háblame más sobre eso".

Otro tipo de preguntas que deben evitarse son las que comienzan con ¿Por qué? La pregunta por qué pone al cliente en posición defensiva. Por ejemplo, en vez de preguntar, ¿Por qué le tienes miedo?, una mejor pregunta sería, ¿Qué pasó que te causo miedo?

Las buenas preguntas de un Sex Coach crean una conversación poderosa dándole estructuración al proceso de pensar, planear, decidir y tomar acción. No se trata de hablar por hablar o de hacer preguntas por hacer preguntas. Se trata de un proceso sistemático de hacer pensar y clarificar las metas u objetivos. Se trata de explorar el mundo de opciones disponibles al cliente, de toma de decisiones firmes y responsables.

Existen modelos de conversación donde el cliente puede decidir la agenda de la sesión de coaching y el Sex Coach, de acuerdo a la agenda, lleva la conversación de tal manera que el cliente pueda alcanzar la meta deseada. Por ejemplo, el modelo GROW [3]. Este modelo comienza preguntado por la meta que el cliente quiere alcanzar (futuro), luego se pasa al presente, a la realidad del cliente. Por ejemplo, se podría preguntar, ¿Cuántas veces quisieras hacer el amor? Y luego, ¿Cuántas veces hace el amor ahora?

Luego de estas preguntas se buscan las opciones. Es en este momento donde la creatividad juega un papel importante para desarrollar soluciones. Se podrían hacer preguntas como, ¿Qué puedes hacer?, ¿Quién puede ayudarte? Finalmente se hacen preguntas que ayuden al cliente a decidirse por una solución basada en estrategias, pasos y responsabilidad.

¿Cuál opción prefieres? ¿Qué vas a hacer y cuándo?

En cuanto a *saber escuchar*, el arte de hacer estas buenas preguntas se basa tanto en saber escuchar como en saber callar, es decir, estar en silencio. El escuchar, nuestra segunda herramienta, crea un fuerte lazo de empatía entre el cliente y el coach. Al escuchar valoramos, afirmamos y respetamos al cliente como ser humano creando confianza, comunicación, y fuertes lazos los cuales permitirán que el proceso fluya sutilmente y de manera transparente.

Escuchar es una herramienta básica y sumamente importante del Sex Coach. Si el coach no sabe escuchar las palabras, la tonalidad y el lenguaje corporal, éste no podrá hacer las preguntas que le harán al cliente pensar, crear, y tomar acción hacia sus metas.

Escuchar es la clave para ayudar al cliente. Cuando el cliente dice "voy a tratar de", le está diciendo al coach que no lo hará, indicando un nivel de compromiso bajo. Por otro lado, cuando dice "voy a hacerlo", las posibilidades de que pase son mayores ya que esto denota un alto nivel de compromiso.

Muchos confunden escuchar con oír. Digamos que oír es el proceso de percibir ruido u ondas sonoras que entran en nuestro sistema auditivo. Escuchar es diferente y más aun tratándose de escuchar y entender las motivaciones sexuales de otra persona. Escuchar es un proceso activo que envuelve los oídos, los ojos y el cuerpo sin prejuicios ni valoraciones.

Los oídos para la comunicación verbal, los ojos para la comunicación no verbal, en especial cuando estamos hablando de sexualidad, la cual es movimiento, mirada, postura, yendo va más allá del mero acto o palabras. La postura del cuerpo indica la atención prestada y la intención de entender.

Como Sex Coach, cuando escuchamos temas sexuales, lo primero y más importante es nunca juzgar, al igual que asumir, añadir, disminuir, aumentar, distorsionar o interpretar la información. Se busca tan solo entender al otro en su lugar. Un Sex Coach pasa por un proceso fascinante de entrenamiento y descubrimiento personal para luego descubrir y guiar a otros. No se requieren largos estudios académicos ni una larga preparación; se requiere ante todo *una actitud positiva hacia la sexualidad*, la salud, la vida y el disfrute de guiar a otras personas hacia una vida llena de placer y satisfacción sexual.

Sex Coaching en Latinoamérica

Gracias a la creciente demanda, calidad y resultados del entrenamiento en *Sex Coaching* en los Estados Unidos y en otras partes del mundo, *Sex Coach U* en estos momento está ofreciendo el entrenamiento en Español para aquellas personas que deseen formarse como Sex Coach y quieran una certificación válida para ejercer en los Estados Unidos o en otras partes del mundo.

Sex Coach U es una Universidad online fundada por la Dra. Patty Britton y el Dr. Robert Dunlap con el objetivo de formar profesionales en el área de la sexología como Sex Coach. Luego del entrenamiento, el estudiante obtiene una certificación abalada por *The World Association of de Sex Coaches* con el título de *"Professional Sex Coach"*.

Para mayor información sobre Sex Coach U, visita: www.sexcoachu.com y para información sobre el entrenamiento en Español visita: www.amorsex.com.

Hemos repasado en general este nuevo y maravilloso paradigma del *Sex Coaching* para ayudar a la gente a potenciar su salud sexual. Queda mucho por decir y compartir, tan solo esperamos haber motivado lo suficiente para la profundización de este relativo nuevo modelo en salud sexual. Las puertas están abiertas, el conocimiento está a la espera y nuestro compromiso está presente. Para mayor información pueden contactarnos a través de nuestra página web: www.amorsex.com será un verdadero placer ver el desarrollo en Latinoamérica de ésta increíble y novedosa profesión, Sex Coaching.

REFERENCIAS
ICF Código de Éticas. (2014). www.coachfederation.org
Britton, P. (2005). The art of sex coaching. W.W. Norton & Company. New York.
Stoltzfus, T. (2008). Coaching Questions. Coach 22.

EL SEXOGRAMA COMO INSTRUMENTO CLÍNICO DE EXPLORACIÓN DE LAS IDENTIDADES SEXUALES

Víctor Vásquez Maza
Hugo Zelada Salón

INTRODUCCIÓN

Debido a que la sexualidad es una dimensión subjetiva y compleja, además de ser considerada como un espacio privado, tabú e íntimo del ser humano, se requiere emplear instrumentos que permitan acceder a la información de las cogniciones, actitudes y comportamientos de las y los consultantes en terapia con el fin de facilitar dicho acercamiento y tener una visión global de la problemática sexual que se tiene al frente.

Contar con herramientas de exploración y evaluación en temas de sexualidad resulta de ayuda para el/la terapeuta permitiéndole ingresar a un ámbito que muchas veces las personas manifiestan vergüenza, ansiedad, temor o culpa sobre sus propias características sexuales o aquellas referidas a otros/as. Es así que estos instrumentos se convierten en guías que, junto con una entrevista sexológica, brindan diagnósticos claros y precisos que, luego, permiten implementar procedimientos terapéuticos eficaces.

Si bien existen instrumentos apropiados para el estudio y evaluación de las disfunciones sexuales, problemas de pareja, expresiones comportamentales de la sexualidad, entre otros; la práctica clínica, en base al servicio diferenciado para personas LGTB (Lesbianas, gays, trans y bisexuales) de CEPESEX – Lima

(Centro Psicológico y Estudios en Sexualidad), ha permitido evidenciar la escases de herramientas técnicas que aborden los tópicos LGTB, y que sirvan como insumo para una comprensión integral del motivo de consulta.

Ante esta necesidad, desde CEPESEX se ha diseñado, elaborado y validado una herramienta técnica que, en un primer momento, surgió con el fin de obtener información sobre la orientación sexual de las personas que acuden a consulta. Luego, este instrumento diagramático denominado sexograma no solo se ha empleado en motivos de consulta sobre homosexualidad, bisexualidad o lesbianismo, sino que también se ha utilizado en casos de identidad de género y prácticas eróticas.

Es así que el sexograma se diseñó, al inicio, como una herramienta para recolectar datos sobre la orientación sexual y que posteriormente se extendió a explorar la identidad sexual de las personas, entendida ésta como "la conciencia que tiene cada persona de sí misma con respecto a su sexo, cuerpo, género, orientación sexual y expresiones comportamentales sexuales que pueden corresponder o no con el "debe ser" socializado sobre los mismos aspectos" (Velandía, 1999, citado en Welbourn, 2006). A la fecha, el sexograma es una herramienta que se emplea para diversos motivos de consulta, las cuales se detallan líneas posteriores, y que permite tanto recolectar información del consultante como servir de apoyo gráfico para la orientación sobre la compleja relación de los componentes estructurales de la identidad sexual.

A continuación se procede a revisar la fundamentación teórica de la identidad sexual que brinda las bases para el diseño del sexograma, el ámbito de aplicación del mismo, su aplicación e interpretación, finalizando con la presentación de casos clínicos donde se haempleado el sexograma como herramienta de exploración y orientación.

FUNDAMENTACIÓN TEÓRICA DE LA IDENTIDAD SEXUAL

Con respecto al concepto de identidad sexual se han desarrollado diversas aproximaciones contradictorias y confusas. Para algunos el concepto de identidad sexual es equivalente a la autoconciencia del sexo que uno/a pertenece (Abenoza, 1994; Fernández, 1996), la vivencia subjetiva de ser masculino o femenina (Díaz, 2008), o la orientación sexual de la persona (Hernaiz, 2007).

Ante esta confusión de terminología, los autores del presente artículo concuerdan con la aproximación conceptual de Velandía (1999, citado en Welbourn, 2006), quien plantea una perspectiva integral de la identidad sexual que incluye la autoconciencia del sexo, la identidad de género, la orientación sexual, el erotismo y la significancia que la persona presenta sobre sus propias características sexuales.

En ese sentido, la identidad sexual se configura en un concepto sistémico que comprende diversos componentes de la sexualidad, y no solo se circunscribe a la orientación sexual, sino que también incluye las características biológicas, las conductas eróticas, la identificación con determinadas competencias cognitivas y afectivas, y la autopercepción y satisfacción/insatisfacción sexual.

Por tanto, la identidad sexual se configura en un concepto amplio que brinda información general de los principales procesos sexuales de la persona, y a la vez el sexograma, la herramienta, que busca explorar cada uno de los componentes o procesos de la identidad sexual y reflejar las complejas conexiones que se pueden establecer entre cada uno de ellos.

Para comprender, los principales componentes de la identidad sexual se desarrollan los aportes de diversos autores:

1- Teoría general de los sistemas (TGS)

Debido a que el concepto de identidad sexual es un término que agrupa diversos componentes sexuales de manera integral, coherente y compleja, resulta adecuado vincularla con los fundamentos de la Teoría General de los Sistemas (TGS) (Bertalanffy, 1976) por el alcance teórico que se puede desprender de este modelo.

La TGS desarrollada por Bertalanffy (1976) es una metateoría o modelo teórico cuyos principios básicos se han podido trasladar y adaptar a diversas dimensiones psicosociales, como la familia (Minuchín & Charles Fishman, 2004), la personalidad (Ortíz, 1997), el amor (Rodas, 2011) y la sexualidad (Rubio, 2012; Yañez, 1991)

La TGS plantea que un sistema es el conjunto de dos o más cosas (principios, aspectos, materia, personas, dimensiones) interrelacionados entre sí que contribuyen a un fin determinado.

Esta interrelación se caracteriza por ser estable, dinámica, y permitir un cambio constante mediante la organización y desorganización (Bertalanffy, 1976).

Entre las principales características de los sistemas se tiene (Vásquez & Zelada, 2013):

◆ Totalidad: Cada elemento o parte del sistema está vinculado con el todo, y el todo es más que la suma de las partes.

◆ Activo: Los elementos del sistema son activos, un cambio en uno influye tanto en las demás partes como en el sistema.

◆ Organización estructural: Los elementos o partes configuran una estructura emergente, organizándose en una determinado forma y tiempo.

◆ Adaptación: Los sistemas atraviesan procesos de estructuración (estabilidad) y desestructuración (cambio) constantemente.

◆ Finalidad: Los sistemas están orientados a una finalidad.

◆ Relaciones circulares no lineales: La relación entre los elementos del sistema no es lineal sino circular y compleja.

◆ Desarrollo evolutivo: Los elementos de los sistemas presentan su propio desarrollo evolutivo, atravesando etapas de cambio.

◆ Subsistema: Las partes del sistema conforman subsistemas u holones.

◆ Suprasistema: El sistema y sus subsistemas están insertos en sistemas mucho más amplios que influyen entre sí.

2 - Los cinco sexos

El sexo es entendido como las características biológicas que diferencian a las personas, conformado por el nivel genético, gonadal, hormonal, genital y las características sexuales secundarias (Money & Ehrhardt, 1982).

A partir de los estudios de Money (1982), donde se distingue con claridad los estados intersexuales, Fausto – Sterling (1993) propone el modelo teórico de los cinco sexos: varón, mujer, herms (intersexual), merms (intersexual varón) y ferms (intersexual mujer).

Estos planteamientos se fundamentan en los enfoques de diversidad sexual y reconocimiento de derechos sexuales más que en una mirada patológica de la sexualidad (Vásquez, 2004, citado en Vásquez & Zelada, 2013).

Según Fausto – Sterling (1993), el sexo varón es aquel que presenta cromosomas XY, testículos, testosterona, pene, barba, bigote y otras características sexuales secundarias.

Mientras que el sexo mujer es aquel que su estructura genética está conformada por cromosomas XX, gónadas ováricas, estrógenos y progesterona, vulva, mamas, caderas anchas y otras características sexuales secundarias.

Dentro de la intersexualidad, se tiene al sexo intersexual que se presenta en menor medida que los otros sexos intersexuales (Money & Ehrhardt, 1982), caracterizándose porque la persona puede presentar un ovoteste. También se tiene el sexo intersexual mujer donde la persona tiene ovarios y algunos aspectos de los genitales externos del varón careciendo de testículos; y, el sexo intersexual varón que se caracteriza porque la persona tiene testículos y ciertos aspectos de los genitales de la mujer, careciendo de ovarios.

3- Género e identidad de género

El género es el concepto que señala la forma de relacionamiento entre sexos y géneros según lo que la sociedad espera y cree conveniente (Barberá, 2004), evidenciándose relaciones jerárquicas, de subordinación y dominación entre lo masculino y lo femenino (Fernández, 1996). La identidad de género es el proceso donde la persona que se encuentra inserta en un determinado contexto sociocultural y luego asimila y se identifica con determinadas competencias (Vásquez & Zelada, 2014).

Esta identificación de género puede presentar dos grandes categorías:

Identidades Cis: Donde la persona asimila y se identifica con competencias esperadas – según la sociedad – para su sexo, es decir, presenta determinadas características biológicas que concuerdan con la vivencia interna que manifiesta. La identidad cis agrupa a las masculinidades y feminidades.

Identidades Trans: En esta identidad la persona presenta determinadas características biológicas y se identifica con las competencias del otro género, es decir, la persona puede referirse "sentirse atrapado/a en el cuerpo equivocado ya que se siente del otro género", resultando las identidades trans femeninas (TransHaM) o trans masculinos (TransMaH).

Las identidades trans engloban a la identidad trasngénero, transexual y travesti.

Esquema cognitivo de la identidad de género

Desde un enfoque socio - cognitivo se puede entender que la identidad de género Cis hace referencia a la identificación y asimilación de competencias cognitivas, afectivas y comportamentales que la sociedad considera idónea según su sexo (Barberá, 2004). Desde esta perspectiva se tiene el modelo teórico propuesto por Bem (1981, citado en Fernández 1996): Teoría del esquema de género, donde se propone "la existencia de esquemas o estructuras cognitivas básicas del procesamiento de la información, y el género al conjunto de aspectos que cada

114

sociedad considera más deseables para un sexo que para otro" (p.121, Fernández, 1996) Conforme el modelo teórico del esquema de género ha ido desarrollándose (Barberá, 2004, Fernández, 1996), Bem logra clasificar a las personas en cuatro tipologías según si se "tipifican o no" en función de las competencias de género esperadas según su sexo. Esta cuádruple tipología se puede agrupar en (Díaz, 2008):

Masculinidades:
• Masculino – masculino: Varón que se enmarca en el modelo tradicional o estereotipado de masculinidad en su contexto, desarrollando mayores competencias masculinas esperadas "ser tosco, agresivo, fuerte emocionalmente, activo, hipersexual, etc."
• Masculino – andrógino: Varón que desarrolla competencias consideradas masculinas y femeninas por igual.
• Masculino – neutro o indiferenciado: Varón que no se tipifica ni con las competencias masculinas ni femeninas esperadas según su sexo en su contexto.
• Masculino – femenino: Es aquel varón que se tilda de "amanerado" confundiendo su identidad de género con la orientación sexual. En esta identidad el varón presenta mayores competencias tradicionalmente femeninas que masculinas.

Feminidades:
• Femenina – femenina: Mujer que se tipifica con las competencias esperadas para su sexo según su contexto sociocultural, como "ser delicada, emocional, sensible, pasiva, etc."
• Femenina – andrógina: Esta identidad se caracteriza porque la mujer presenta tanto competencias tradicionalmente masculinas como femeninas.
• Femenina – neutra o indiferenciada: Mujer que no se enmarca ni con las competências masculinas ni femeninas esperadas según la sociedad.
• Femenina – masculina: Es aquella mujer que desarrolla mayores competencias feme ninas que masculinas, denominándola

"machona" y confundiendo su identidad de género con su orientación sexual.

4- Estudios sobre orientación sexual

La orientación sexual es la atracción afectiva, erótica y sexual que experimenta una persona hacia otra. Entre las orientaciones sexuales se tiene a la heterosexualidad, homosexualidad, lesbianismo y bisexualidad. En relación al concepto de orientación sexual se confunde muy a menudo con la palabra "opción sexual" que de por sí conlleva la idea que la persona decide alguna orientación cuando realmente el proceso implica no una elección sino una configuración en base a aspectos biopsicosociales (Ardila, 2009; Riesenfeld, 2012).

La heterosexualidad es aquella orientación sexual donde una persona experimenta atracción afectiva, erótica y sexual hacia el otro sexo (varón – mujer o mujer – varón). Esta orientación es la aceptada socialmente en la mayoría de culturas (Díaz, 2008) y considerada desde el enfoque estadístico de la sexualidad como norma (Vásquez, 2004).

La homosexualidad es la atracción afectiva, erótica y sexual hacia personas del mismo sexo. Si bien la palabra homosexualidad proviene del vocablo griego que significa igual y que etimológicamente significa atracción por personas del mismo sexo; sin embargo, en Latinoamérica se ha asociado, por lo general, la palabra homosexual para referirse a la vivencia de varones que sienten atracción hacia otro varones, mientras que el concepto de lesbiana se ha empleado para referirse a mujeres que experimentan atracción hacia otras mujeres (Quiles, 2011).

La bisexualidad es aquella orientación sexual donde una persona puede experimentar atracción hacia tanto personas del mismo sexo como del otro. Como es señalado por Masters, Jhonson, & Kolodny (1987), "se ha escrito mucho sobre la homosexualidad, pero muy poco en torno al hecho de la bisexualidad" (p. 483), lo que ha contribuido a que existan diversos mitos e ideas erróneas sobre esta orientación sexual (Riesenfeld, 2006).

5- Expresiones comportamentales de la sexualidad (ECS)

Las expresiones comportamentales de la sexualidad es el concepto que se ha venido empleando con el fin de despatologizar el término de perversión, desviación y/o parafilias que se ha utilizado para nombrar a todos las conductas que difieren del patrón esperado desde un criterio de normalidad estadística (Vásquez, 2004). El concepto de ECS ha sido propuesto y desarrollado con amplitud por el Instituto Mexicano de Sexología, permitiendo agrupar a diversas conductas tanto a las mal llamadas parafilias como a las prácticas heteroeróticas, homoeróticas y autoeróticas. Como señala Álvarez – Gayou (1986): "La vigencia temporal, espacial y operativa de esta denominación es mucho más amplia, descriptiva, objetiva y no valorativa" (p. 35).

Desde el modelo propuesto por Álvarez – Gayou (1984, citado en Álvarez – Gayou 1986; (Álvarez-Gayou, 2007) se plantea que las expresiones comportamentales de la sexualidad pueden abarcar dos dimensiones: Nivel no erótico y nivel erótico, conformando una escala de siete niveles que de menos a más intensidad son:

ECS No erótica
1. Expresión comportamental mínima (EM): Es el nivel mínimo de expresión de una conducta que genera placer en la persona, logrando bienestar pero sin contenido erótico – sexual.
2. Expresión comportamental acentuada (EA): Hace referencia aquella conducta que genera satisfacción pero no implica placer sexual. En este caso la persona manifiesta dicha conducta de manera más notoria que la anterior.

ECS Erótica – sexual
3. Expresión erótica sexual a nivel de la fantasía (EESF): En este nivel la persona imagina o fantasea con un determinado comportamiento conllevando placer sexual.
4. Expresión erótica sexual mínima (EESM): Implica que la persona practica la expresión para obtener excitación y orgasmo.

117

Para ejemplificar este nivel se puede señalar que de diez excitaciones sexuales una ha sido poniendo en práctica dicha conducta.

5. Expresión erótica sexual preferida (EESP): En este nivel la persona tiene preferencia por una determinada práctica erótica, es decir, de manera cuantitativa se puede referir que del total de diez excitaciones sexuales, la persona obtiene placer sexual en promedio cuatro veces con esta conducta.

6. Expresión erótica sexual predominante (EESPR): Hace referencia que en la persona prevalece una determinada conducta sexual mucho más que otras, es decir, obtiene placer sexual con una determinada conducta ocho de diez veces.

7. Expresión erótica sexual exclusiva (EESE): Este nivel significa que la persona obtiene excitación y orgasmo solo a través de una determinada conducta, es decir, de manera numérica se puede señalar que de diez excitaciones sexuales las diez son mediante esta práctica.

6- Reflexividad

Un componente fundamental en la sexualidad de las personas es el desarrollo de la reflexividad (Fernández, 1996; Fernández, 2004) o también denominada significancia sexual (Rubio, 2012) que consiste en reflexionar y analizar sobre el ejercicio de su propia sexualidad con el fin de entender los cambios experimentados, asignarles una valenciaemocional e integrarlo a un concepto de sí mismo.

Según el modelo heurístico propuesto por Fernández (1996) la reflexividad es un proceso de autoanálisis que acompaña de manera constante el desarrollo de la sexualidad en las diversas etapas de vida del ser humano, permitiendo la integración de los cambios experimentados y brindando estabilidad en el autoconcepto de la persona.

Asimismo, Rubio (2012) elabora un modelo sistémico denominado el Modelo Holónico de la Sexualidad donde se enfatiza el desarrollo de cuatro holones o subsistemas de manera evolutiva: holón del sexo, holón del género, holón del erotismo y holón de la vinculación afectiva. Lo importante de este modelo es que destaca que el ser humano elabora representaciones o significados mentales en cada uno de los holones que orienta a los pensamientos, sentimientos y conductas. Esta significación cumple la misma función que la reflexividad: brindar un marco de referencia a los cambios que se experimentan durante el desarrollo evolutivo de la sexualidad.

El modelo holónico de la sexualidad permite comprender que el ser humano según su etapa de vida dirige sus procesos subjetivos a determinados tópicos sexuales de interés, por ejemplo, las y los niños enfocan sus pensamientos en cuestiones relativas a la reproducción (¿de dónde vienen?, ¿cómo se hacen los niños?) mientras que en la adolescencia, los pensamientos y emociones se centran en la búsqueda del placer erótico (masturbación, inicio de relaciones coitales).

IDENTIDAD SEXUAL: COMPONENTES ESTRUCTURALES Y SU EXPLORACIÓN CON EL SEXOGRAMA

A partir de las revisiones teóricas señaladas se entiende a la identidad sexual como la configuración relativamente estable de procesos sexuales en un determinado momento.

Metafóricamente, se puede afirmar que la identidad sexual es como la fotografía en un tiempo específico del continuo de la sexualidad que abarca desde la gestación hasta la senectud. Esta fotografía mostrará las características más importantes de la sexualidad en aquel momento, registrándolas de manera estable y permitiendo el respectivo análisis de cada una de ellas.

Comprender y facilitar el entendimiento de la identidad sexual de las personas resulta de vital importancia ya que se promueve la toma de consciencia, aceptación y refuerzo/ modificación de determinadas características sexuales, influyendo en la obtención de un diagnóstico claro y una intervención terapéutica eficiente.

Diversos estudios (Money & Ehrhardt, 1982; Masters, Johnson, & Kolodny, 1987; Fausto-Sterling, 1993; Fernández,

2004; Rubio, 2012) muestran que la sexualidad y la identidad sexual están conformadas por múltiples procesos sexuales. En base a los estudios sistémicos señalados (Yañez, 1991; Rubio, 2012; Vásquez & Zelada, 2013) se puede desarrollar un modelo teórico que analice y sistematice los hallazgos científicos sobre los componentes estructurales y el desarrollo evolutivo de la identidad sexual.

Es así que luego de tiempo de trabajo clínico - educativo, y junto a la constante revisión de literatura científica y debate académico se ha llevado a establecer como idea fundamental que la identidad sexual presenta diversas características de la TGS, y puede ser entendida como la toma de consciencia y autoidentificación que tiene cada persona de sí misma con respecto a su sexo, identidad de género, orientación sexual y placer, en un tiempo determinado, generándose, luego, una valoración (positiva o negativa) y aceptación (o rechazo) de dichos componentes o procesos.

Por tanto, los componentes fundamentales que estructuran la identidad sexual son el sexo, identidad de género, orientación sexual, placer y reflexividad. Cada uno de estos componentes a la vez agrupa a subestructuras que en su totalidad conforman el abanico extenso de la diversidad sexual. En estas subestructuras que las personas van a situarse en cuanto a las características de su sexualidad, así como el significado o reflexión que pueden elaborar sobre sus propios componentes.

En la ilustración 1 se evidencia la totalidad de las estructuras y subestructuras de la identidad sexual:

Según las características de la TGS, el modelo sistémico de la sexualidad propuesto presenta varias de ellas, como:

• Organización estructural: La identidad sexual emerge a partir de la integración de los componentes de sexo, identidad de género, orientación sexual, placer y reflexividad.

• Subsistema: La identidad sexual se configura en el sistema de la sexualidad que abarca los subsistemas o componentes estructurales mencionados.

• Suprasistema: A la vez la identidad sexual de las personas no se encuentra aislada del contexto sociocultural donde se inserta, por tanto los agentes externos, como factores económicos, legales, políticos, sociales y culturales pueden influir en el desarrollo de los componentes estructurales.

• Activo: Si se generan cambios internos o externos sobre algún componente estructural también se ve afectado los otros componentes del sistema.

• Desarrollo evolutivo: Si bien existe una interdependencia entre los componentes estructurales de la identidad sexual, a la vez cada uno de ellos presenta un desarrollo específico durante el ciclo vital de la persona.

• Relaciones circulares no lineales: Mientras que los enfoques tradicionales de la sexualidad proponen una linealidad en el desarrollo de la sexualidad, el modelo sistémico de la sexualidad plantea múltiples cruces en cuanto a los componentes de la identidad sexual generando un análisis complejo de la sexualidad.

• Finalidad: La función o finalidad de la sexualidad se puede agrupar en cuatro categorías fundamentales, es decir, la sexualidad permite la reproducción, el acceso al placer y erotismo, la comunicación y la vinculación afectiva.

• Modelo: La representación gráfica de la complejidad de la identidad sexual se ve reflejada en la ilustración 1, donde se muestra la estructura y subestructura y las posibles relaciones que se pueden establecer entre cada una de ellas.

Se procede a analizar cada uno de los componentes estructurales del modelo sistémico de la identidad sexual:

El sexo es entendido como la estructura de la identidad sexual que engloba a las características biológicas que diferencian a las personas. Estas características biológicas comprenden las diferencias existentes en torno a cromosomas, gónadas, hormonas, genitales y características corporales. La persona puede ser asignada a una de las cinco posibilidades de sexo: varón, mujer, intersexual, intersexual varón o intersexual mujer.

El segundo componente estructural de la identidad sexual es la identidad de género, entendida como el proceso de identificación e internalización de competencias cognitivas, afectivas y comportamentales según lo que la sociedad cree conveniente para el sexo de asignación. Las personas pueden configurar una identidad de género cis o trans. En el caso de las identidades cis éstas agrupan a las masculinidades (masculino – masculino, masculino andrógino, masculino indiferenciado y masculino – femenino) y feminidades (femenina – femenina, femenina andrógina, femenina indiferenciada y femenina – masculina).

Si la persona configura una identidad trans puede identificarse y vivenciarse desde una identidad transgénero, transexual o travesti.

La orientación sexual es otro componente estructural de la identidad sexual que implica la atracción afectiva, erótica y sexual hacia otro/a. Una persona puede ser heterosexual, homosexual, lesbiana o bisexual.

Otro componente de la identidad sexual es el placer, el cual hace referencia a la vivencia de sensaciones agradables y positivas obtenidas a partir de la fantasía, contactos físicos o situaciones determinadas. En el caso del placer la persona puede configurar diversas modalidades de experimentar placer: Prácticas homoeróticas, prácticas heteroeróticas, conductas autoeróticas y las expresiones comportamentales de la sexualidad. Cada conducta a la vez puede presentar una variedad de niveles que abarcan desde la expresión en la fantasía hasta que es exclusiva.

El último componente de la identidad sexual es la reflexividad o significancia sexual que la persona tiene respecto a sus procesos sexuales o aspectos estructurales, incluyendo el análisis cognitivo y evaluación emocional de dicha manifestación de su sexualidad. A partir de los estudios sobre reflexividad (Fernández, 1996; Rubio, 2012) se ha planteado la existencia de cinco subestructuras de reflexividad:

La reflexividad reproductiva es aquella donde los pensamientos y sentimientos se dirigen al ámbito del embarazo, adopción, paternidad, maternidad, técnicas de asistencia médica, entre otros. Según Rubio (2012) la etapa de vida donde el ser humano dirige su reflexividad hacia aspectos de la reproductividad es la infancia, ya que el pensamiento infantil se expresa en preguntas, como ¿de dónde vengo?, ¿cómo nacen los niños?, ¿por qué él tiene "eso y yo no?, entre otras.

Otra subestructura de la reflexividad es la comunicacional donde los pensamientos, sentimientos y conductas se dirigen hacia aspectos de roles y estereotipos de género, juegos, colores, accesorios, vestimenta, oficios, entre otros según el sexo. De acuerdo al Modelo Holónico de la Sexualidad (Rubio, 2012) la etapa del ser humano donde se expresa con mayor énfasis la reflexividad comunicacional (llamada Holón del Género) es en la niñez. Durante estos años, las y los niños desarrollan sus reflexividad en relación a si esta acción o expresión es masculina o femenina, juntándose entre grupos del mismo sexo o realizando acciones según lo esperado para su sexo.

La reflexividad recreativa es otra subestructura que implica la dirección de los pensamientos y sentimientos hacia aspectos eróticos y placenteros, como la masturbación, relaciones coitales, sexo oral, caricias, deseo sexual, entre otros. En este sentido la reflexividad recreativa se vincula con el holón del erotismo (Rubio, 2012), y es en la etapa de vida adolescente donde se expresa con mayor intensidad esta reflexividad, ya que se inician las conductas masturbatorias y sexuales, y a la vez se incrementa la curiosidad hacia tópicos eróticos (páginas pornográficas, conversaciones y juegos sexuales).

Una subestructura donde los pensamientos y sentimientos de las personas se dirigen hacia aspectos de relaciones de pareja y enamoramiento es la denominada reflexividad de vinculación afectiva. Siguiendo al modelo holónico de la sexualidad (Rubio, 2012) es en la juventud y adultez donde el ser humano centra su reflexividad con mayor énfasis en la vinculación afectiva.

Si bien existen etapas de vida donde el ser humano enfatiza algún tipo de reflexividad es importante diferenciar que una persona sea cual sea su edad puede dirigir sus pensamientos y sentimientos hacia diversas funciones de la sexualidad (reproducción, placer, comunicación y vinculación afectiva), generándose preocupación, malestar o angustia en cada una de ellas, incluso pueden coexistir diversas reflexividades sobre un mismo aspecto de la sexualidad.

Así como se puede desarrollar diversas subestructuras de reflexividad a la vez, también las personas pueden rechazar alguna manifestación de su identidad sexual con el fin de alejarla de su foco de atención generando malestar emocional acusado, dando origen a la represión de algún componente de su identidad sexual.

EL SEXOGRAMA

El sexograma es un instrumento diagramático de exploración y orientación de las identidades sexuales elaborado por el Centro Psicológico y Estudios en Sexualidad – CEPESEX Perú a partir de la revisión de literatura científica y la validación en casos clínicos.

ÁMBITOS DE APLICACIÓN DEL SEXOGRAMA
Identidades trans

Cuando la persona descubre su identidad de género trans presenta una variedad de dudas y temores. Asimismo, no tienen claridad que la identidad trans agrupa a las iden tidades transgénero, transexual y travesti, considerando sólo la existencia de la identidad transexual y que toda persona que vivencia según el otro género necesariamente tiene que realizarse una cirugía de reasignación sexual (CRS).

El sexograma permite brindar información a la persona que consulta sobre las diferencias entre sexo e identidad de género, enfatizando las variantes de identidades de género trans y explicado cada una de ellas. Asimismo, en algunos casos de identidad de género translésbica el sexograma permite brindar consejería sobre la relación entre identidad de género y orientación sexual.

124

Padres/madres de hijos/as LGTB

Cuando los padres/madres se enteran de la orientación sexual y/o identidad de género de su hijo/a, especialmente adolescente, presentan dudas y confusión sobre estas características sexuales. Uno de los principales malentendidos consiste en considerar que su hijo homosexual o hija lesbiana desea realizarse una CRS o se siente internamente del otro género, confundiendo los procesos de orientación sexual e identidad de género. En caso de hijos/as trans la preocupación gira en torno a cómo tratarlo/a y cómo desarrollará esta característica más adelante, si necesariamente tiene que realizarse una CRS y cuál debe ser la labor paterna/materna durante este proceso.

El sexograma permite explicar de manera detallada al padre/madre las diferencias existente entre sexo, identidad de género y orientación sexual, señalando las estructuras que se pueden desarrollar en cada una de ellas, y enfatizando que sea cual sea la identidad (cis o trans) u orientación (heterosexual, homosexual, bisexual o lesbiana) que su hijo/a configure todas son tan válidas una con otra, y que ninguna es mejor que otra.

Prácticas homoeróticas

Otro ámbito de aplicación del sexograma es cuando el/la consultante presenta como motivo de atención la confusión y preocupación de si es gay o lesbianas después de haber tenido comportamientos sexuales con personas de su mismo sexo, ya sea besos, caricias, abrazos, coito, sexo oral o sexo anal.

En este caso el sexograma permite diferenciar detalladamente la orientación sexual de las prácticas eróticas, permitiendo comprender al consultante que la conducta no define la orientación, ya que está última presenta como componente principal la capacidad de vincularse afectivamente con otro/a. De este modo, la persona en consulta resuelve sus dudas y comprende que puede ser heterosexual y mantener prácticas homoeróticas (con personas de su mismo sexo) o ser homosexual/lesbiana y mantener conductas heteroeróticas (con personas del otro sexo) y que aquello no define necesariamente su orientación sexual.

Orientación sexual gay, lésbica o bisexual

Cuando la persona se entera de su orientación sexual gay, lésbica o bisexual tiene una variedad de dudas y preguntas sobre su sexualidad, en algunas oportunidades puede plantearse preguntas si deberá realizarse una CRS, o si quiere ser del otro sexo. También pre senta inquietudes sobre en qué consiste su orientación sexual, y en algunas oportunidades incluso puede reprimir esta características de su identidad sexual.

El sexograma es de utilidad en tanto que permite diferenciar los procesos de sexo, identidad de género y orientación sexual, contribuyendo a que el/la consultante pueda manifestar sus dudas, preguntas y temores. Asimismo, permite explorar el significado y estilo de afrontamiento que la persona está teniendo hacia la orientación sexual que está asimilando.

Identidades de género masculino – femenino o femenina – masculina

Un motivo de consulta frecuente es cuando la personas son víctimas de burlas o agresiones por sus expresiones comportamentales o afectivas. En caso de ser varón puede sentirse preocupado, avergonzado o molesto por tener comportamientos o expresiones femeninas, tildándolo su círculo social de "amanerado" y presentado dudas sobre si es o no gay, mientras que en el caso de una mujer podría acudir a consulta ya que su círculo social la llama "machona" por sus comportamientos y expresiones masculinos, y ella quisiera saber si es o no lesbiana.

En estos casos el sexograma permite diferenciar los procesos sexuales de identidad de género y orientación sexual, haciendo comprender al consultante que las expresiones y conductas denominadas masculinas o femeninas son aspectos del proceso de identidad de género, y que estas manifestaciones no determinan la orientación sexual de una persona.

Expresiones comportamentales de la sexualidad

Las personas también se acercan a consulta cuando presentan alguna expresión comportamental de la sexualidad y tienen dudas, preguntas y/o temores sobre esta práctica erótica. Algunos usuarios/as pueden rechazar enérgicamente esta conducta ya que la consideran anormal o pecado y a otros/as les puede conllevar complicaciones en otros aspectos de su vida: familiar, social o de pareja.

El sexograma como instrumento de exploración permite en un primer momento despatologizar las parafilias al considerarlas como variantes de la conducta sexual o expresiones comportamentales de la sexualidad. Luego, permite diferenciar el nivel de expresión de dicha conducta que puede ir desde el nivel de la fantasía hasta convertirse en una conducta exclusiva. También permite identificar si esta ECS repercute en algún ámbito de su vida.

APLICACIÓN DEL SEXOGRAMA

Una vez que el el/la terapeuta conoce los conceptos fundamentales de los componentes estructurales de la identidad sexual se procede a aplicar el sexograma, de preferencia en la segunda sesión de consulta. La aplicación del sexograma emplea aproximadamente 30 a 45 minutos, dependiendo de las preguntas o dudas que puede tener la persona entrevistada.

Luego de tomar los datos generales del usuario se procede a administrar la Guía de Entrevista, enfatizando el componente que se desea obtener mayor información, siendo posible obviar algunas preguntas para priorizar otras de acuerdo a lo que se ha recabado de información en el motivo de consulta de la(s) sesión(es) anterior(es). A continuación se presenta la Guía Completa de aplicación del sexograma:

127

Guía de aplicación del sexograma

• *Señalar el objetivo del instrumento:* Indicarle al usuario/a que el objetivo del sexograma es explorar la identidad sexual de las personas para poder comprender mejor la sexualidad.

• *Explorar conocimientos sobre identidad sexual:* Preguntar al usuario/a si sabe qué es la identidad sexual. En caso que la respuesta sea confusa o errónea especificar la estabilidad, continuidad y estructuralidad como características de la identidad sexual.

• *Brindar la indicación general:* Se puede señalar lo siguiente: "A continuación, voy a explicarte los componentes de la identidad sexual y para ello te mencionaré una serie de descripciones y realizarte algunas preguntas. Según lo que te pregunte, tú me indicas con qué descripciones te identificas. Recuerda que no hay descripciones buenas ni malas, y sé lo más sincero/a posible".

• *Explorar el componente sexo:* ¿Has escuchado la palabra sexo? ¿Qué es? Explicacióndel sexo.

➢ Preguntar: ¿Para ti qué es ser hombre/mujer? La pregunta se especifica según la observación de características corporales del usuario/a.

➢ El/la terapeuta retroalimenta la información dada por el entrevistado/a, diferenciando aquellas características biológicas de las aprendidas, reforzando la idea que el sexo hace referencia al plano biológico mientras que la identidad de género se vincula con las características aprendidas y sociales.

➢ Preguntar: Y dime, ¿tú con qué sexo te identificas?

➢ El/la terapeuta realiza el gráfico respectivo en el sexograma y anota las observaciones del lenguaje verbal y no verbal.

• *Explorar el componente de la identidad de género:* Señalar al usuario/a lo siguiente:

"Como te comentaba, las características aprendidas y sociales conforman nuestra identidad de género. La identidad de

128

género es el proceso donde las personas se identifican y se sienten de algún modo".

➢ Preguntar: Dime, tú cómo te sientes internamente ¿masculino/a, femenina/o?

➢ Según la respuesta, preguntar: ¿cómo expresas tu masculinidad/feminidad?

➢ En caso que la identidad de género de la persona sea Cis. El evaluador/a deberá observar su conducta y gestos y analizar el contenido del discurso para tener una impresión inicial de la variante de identidad de género.

➢ En caso que la identidad de género de la persona sea Trans. El evaluador/a deberá explicar las diferencias entre cada una de ellas: Transexualidad, Transgenericidad e Identidad travesti.

➢ Preguntar: ¿Con cuál de estas identidades puedes identificarte?

➢ El/la terapeuta realiza el gráfico respectivo en el sexograma y anota las observaciones del lenguaje verbal y no verbal.

• *Explorar el componente de la orientación sexual:* El/la terapeuta debe preguntar:
¿Sabes qué es la orientación sexual? Según la respuesta se debe reforzar el conocimiento sobre la orientación sexual.

➢ Preguntar: ¿Te has enamorado alguna vez? ¿De quién? ¿Varón o mujer? O en caso contrario: ¿De quién te gustaría enamorarte? ¿Un varón, una mujer, o no importa el sexo?

➢ Preguntar: ¿Tienes pareja? ¿Esta pareja de qué sexo es? En caso contrario, ¿en caso de tener pareja con quién te visualizas en el futuro? ¿Un varón, una mujer, o no importa el sexo?

➢ Preguntar: ¿Qué planes tienes/o te gustaría tener con esta persona?

➢ Preguntar: ¿Quién te resulta atractivo eróticamente: Un varón, una mujer o ambos?

➢ Preguntar: ¿Has tenido relaciones sexuales? ¿Con quién/quiénes?

129

➢ Preguntar: Y dime, de las siguientes orientaciones sexuales: heterosexual, homosexual, lesbiana o bisexual, ¿con cuál de ellas te identificas? ¿Qué entiendes por ese concepto?

➢ El/la terapeuta realiza el gráfico respectivo en el sexograma y anota las observaciones del lenguaje verbal y no verbal.

• ***Explorar del componente del placer:*** El/la terapeuta pregunta: ¿Cómo te sentiste luego de tener estas relaciones sexuales? ¿Cómodo/a, incómodo/a?

➢ Preguntar: ¿Has tenido comportamiento eróticos, como abrazos, caricias, etc.,
con personas de tu mismo sexo? ¿Cómo te sentiste?

➢ Preguntar: "Te comento que todas las personas tenemos diversas formas de sentir placer. Muchas personas tienen comportamientos, fantasean o experimentan situaciones poco comunes, dime, ¿algo particular o poco común que haya sucedido o te gustaría que suceda en tus prácticas sexuales?

➢ Preguntar: Y a parte de las relaciones sexuales, ¿has tenido otras formas de experimentar placer?

➢ En caso se requiera se puede aplicar el expresiograma desarrollado por Álvarez-Gayou (2007)

➢ El/la terapeuta realiza el gráfico respectivo en el sexograma y anota las observaciones del lenguaje verbal y no verbal.

• ***Explorar la reflexividad:*** El/la terapeuta analiza la información vertida por el/la usuario/a y la contrasta con las observaciones tomadas durante la aplicación del sexograma teniendo como punto de partida el motivo de consulta.

➢ Preguntar: ¿Hay alguna característica mencionada que te genera preocupación?

➢ Preguntar: ¿Cómo te sientes emocionalmente al reconocer estas características?

LÍNEAS Y LEYENDA

Conforme se aplican las preguntas señalas se procede a realizar los trazos respectivos en el sexograma con el fin de comprender el significado que se establece entre la reflexividad y cada componente, para ello se emplean líneas que permiten trazar la subjetividad que la persona puede presentar. Entre las líneas que se emplean en el sexograma son:

➤ Línea recta: Este trazo permite agrupar los componentes estructurales de la identidad sexual.

➤ Línea recta bidireccional: Este trazo refleja la relación saludable entre la reflexividad y un componente determinado de la identidad sexual.

➤ Línea quebrada: Esta línea representa conflicto de sí mismo que genera malestar emocional y/o preocupación en la persona debido a estereotipos, mandatos familiares y/o religiosos, y presión social en general.

➤ Línea quebrada sobre línea recta: Este trazo evidencia conflicto que genera malestar emocional y/o preocupación en la persona generado por la percepción, actitud o valoración de un otro/a específico.

➤ Línea recta punteada: Este gráfico se emplea cuando algún componente de la identidad sexual genera malestar emocional en otro/a

➤ Cuadrado: Se emplea este gráfico cuando el componente de la identidad sexual obtenido mediante el protocolo del sexograma hace referencia a la manifestación de la sexualidad de otro/a ➤ Círculo: El gráfico se emplea cuando el componente de la identidad sexual obtenido a partir del protocolo del sexograma hace referencia a uno mismo/a.

Ilustración 0. Leyenda de lineas y gráficos del sexograma

ELABORACIÓN DEL SEXOGRAMA: EJEMPLOS CLÍNICOS.
CASO 1
Pedro refiere: "El pasado fin semana tuve sexo anal, hice de activo con mi amigo...
Ahora me siento confundido, quiero saber si soy gay"
Durante el desarrollo de la entrevista, Pedro menciona tener una relación saludable con su enamorada, y han mantenido relaciones coitales. Sin embargo, la conducta sexual que tuvo con su amigo le está generando malestar emocional al punto de plantearse la pregunta si es o no gay. Después de la primera sesión se aplica el protocolo del sexograma, obteniendo el siguiente esquema:

Ilustración 0. Aplicación del sexograma a Pedro - Caso 1.
Pedro
Sexo: Varón
Identidad de género: Cis Masculino – Masculino
Orientación sexual: Heterosexual
Placer: Heteroerótico (Expresión Erótica Sexual Predominante – E.E.S.PR.)
Homoerótico (Expresión Erótica Sexual Mínima – E.E.S.M.)
Reflexividad: Vinculación afectiva
Represiva
A partir del gráfico del sexograma se observa una línea recta bidireccional entre el placer heteroerótico y la reflexividad de vinculación afectiva, significando que existe un vínculo saludable entre Pedro y su enamorada, ya que mantienen relaciones coitales sin ninguna dificultad. Por otro lado, se aprecia una línea quebrada entre el placer homoerótico y la reflexividad represiva, lo que refleja el malestar emocional, angustia y preocupación que Pedro experimenta en relación a la práctica de sexo anal mantenida con su amigo.
Orientación

El/la terapeuta empleando el sexograma explica a Pedro las diferencias existentes entre la orientación sexual y el placer, enfatizando que la práctica homoerótica que ha tenido con su amigo no significa que él sea gay ya que se destaca que la característica principal de la orientación sexual es la capacidad de establecer vínculos afectivos. En el caso, Pedro tiene una orientación heterosexual ya que establece una relación afectiva con su enamorada.

CASO 2

Carol menciona: "Mi familia, mis amigos y mi entorno cercano me ofenden diciéndome ´machona´ y piensan que soy lesbiana, porque dicen que me visto y me comporto como hombre, pero a mí me gustan los hombres... estoy confundida".

Durante el desarrollo de la entrevista, Carol refiere que le atraen afectiva, erótica y sexualmente los varones, incluso mantiene relaciones sexuales con parejas ocasionales; sin embargo, manifiesta que su familia, amigos y vecinos la molestan porque se viste y comporta como varón, llegando a decirle que es lesbiana. A Carol le agrada expresarse con esa vestimenta y comportamientos, pero estas burlas y comentarios desagradables le están generando malestar emocional. Después de las primeras sesiones de entrevista, se aplica el protocolo del sexograma, obteniendo el siguiente esquema:

Ilustración 0. Aplicación del sexograma a Carol - Caso 2
Carol
Sexo: Mujer
Identidad de género: Cis Femenina – Masculina
Orientación sexual: Heterosexual
Placer: Heteroerótico (Expresión Erótica Sexual Exclusiva – E.E.S.E.)
Reflexividad: Recreacional
Represiva
Se observa una línea recta bidireccional entre el placer heteroerótico y la reflexividad recreacional, evidenciándose un

vínculo saludable entre Carol y sus múltiples parejas sexuales varones. Por otro lado, se visualiza una línea quebrada entre la identidad de género Cis Femenina – Masculina y la reflexividad represiva, lo que evidencia, el malestar emocional provocado por las constantes molestias de parte de su familia, amigos y entornos cercanos, y que Carol intenta rechazar dicha expresión de su identidad sexual.

Orientación

Se explica a Carol empleando el sexograma las diferencias existentes entre la identidad de género y orientación sexual. Se hace énfasis en que la identidad de género no define la orientación sexual, ya que ésta última se basa en la atracción afectiva mientras que la identidad de género es la forma como nos relacionamos, comportamos y vestimos, donde dichos aspectos están influidos por mandatos sociales.

CASO 3

Raúl menciona: "Desde hace años me he sentido como si fuera una mujer atrapada en el cuerpo de un hombre… A veces me visto, maquillo y comporto como mujer, pero después me aparece un sentimiento de culpa porque creo que no es normal… Además, tengo una pareja varón que no se siente cómodo con estos cambios míos".

Durante la entrevista, Raúl manifiesta tener una relación de pareja con un varón, sin embargo, se han presentado discusiones debido a que su pareja no aprueba la identidad trans.

En las últimas semanas, Raúl se ha vestido, maquillado y comportando de manera femenina, haciendo estos cambios en la casa sobre todo los fines de semana. Pero, después de realizar estos cambios Raúl experimenta un sentimiento de malestar porque considera que esta manifestación de su sexualidad no es normal, además que sus amigos, familiares y conocidos lo molestan y ofenden. Después de las sesiones de entrevista, se aplica el protocolo del sexograma, obteniendo el siguiente diagrama:

Ilustración 0. Aplicación del sexograma Raúl - Caso 3
Raúl
Sexo: Varón
Identidad de género: Trans – Travesti
Orientación sexual: Homosexual
Placer: Homoerótico (Expresión Erótica Sexual Exclusiva – E.E.S.E.)
Reflexividad: Vinculación afectiva
Represiva
A partir del diagrama se evidencia una línea recta punteada entre la identidad travesti y la vinculación afectiva, que refleja la tensión emocional que se vivencia con su pareja debido a la no aprobación de su sexualidad. Asimismo, se observa una línea quebrada entre la identidad de género Trans – Travesti y la reflexividad represiva, lo que muestra,
un malestar emocional provocado por sus propias creencias y por las constantes burlas y ofensas de parte de su familia, amigos y entornos cercanos.

Orientación
En este caso, el/la terapeuta procede a explicar las diferencias entre sexo, identidad de género y orientación sexual de Raúl. Luego, continúa resaltando que la identidad travesti no es una anormalidad sino que es una expresión más de la sexualidad, tan válida como otras manifestaciones. También se diferencia las dos problemáticas identificadas, en donde existe miedo hacia su propia identidad travesti debido a estereotipos sociales, y que además su pareja no aprueba su identidad, sin embargo resulta necesario deslindar entre lo que Raúl necesita y lo que su pareja desea, recomendándose poder iniciar una terapia de pareja.

Alcances finales
Como se ha evidenciado en los casos clínicos, contar con una herramienta diagrámatica que refleje las interrelaciones complejas de los procesos sexuales resulta indispensable ya que facilita el entendimiento al terapeuta sobre la problemática sexual, y a la vez permite brindar soporte en la orientación al consultante.

En la experiencia clínica en relación a los motivos de consulta señalados, el sexograma ha demostrado ser una herramienta útil, práctica y didáctica para comprender los componentes estructurales y su intrincada relación que configuran, en última instancia, la identidad sexual de la persona.

Referencias bibliográficas:

Abenoza, R. (1994). Sexualidad y juventud: Guía práctica para monitores/as. Madrid: El popular S.A.

Álvarez-Gayou, J. (1986). Sexoterapia integral. México: El Manual Moderno.

Álvarez-Gayou, J. (2007). Expresiones comportamentales de la sexualidad. Revista del Instituto Cognitivo Conductual, 1-6.

Ardila, R. (2009). Homosexualidad y psicología (2da ed.). México D.F.: Manual Moderno.

Barberá, E. (2004). Perspectiva cognitiva - social: estereotipos y esquemas de género. En E. Barberá, & I. Martínez, Psicología y género (págs. 55-80). Madrid: Pearson.

Barberá, E. (2004). Perspectiva socio-cognitiva: estereotipos y esquemas de género. En E. Barberá, & I. Martínez, Psicología y género (págs. 55-80). Madrid: Pearson.

Bertalanffy, L. (1976). Teoría general de los sistemas. México: Fondo de cultura económica.

Díaz, A. (2008). Hombres, conciencia y encuentros. Guadalajara: CENSIDA.

Fausto-Sterling, A. (20 de Mayo de 1993). Sigla: Tu espacio de diversidad. Obtenido de Tu espacio de divesidad: http://www.sigla.org.ar/index.php?option=com_content&view=article&id=94:los-cinco-sexos1&Itemid=104

Fernández, J. (1996). El modelo heurístico a materializar. En J. Fernández, Varones y mujeres, desarrollo de la doble realidad del sexo y el género (págs. 63-87). Madrid: Pirámide.

Fernández, J. (1996). Varones y mujeres. Madrid: Pirámide.

Fernández, J. (1996). Varones y mujeres. Madrid: Pirámide.

Fernández, J. (2004). Perspectiva evolutiva: identidades y desarrollos de comportamientos según el género. En E. M. Barberá, Psicología y género (págs. 35-54). Madrid: Pearson.

Hernaiz, G. (2007). El tercer sexo. Barcelona: Bailén.

Masters, W., Jhonson, V., & Kolodny, R. (1987). La sexualidad humana 1 (6 ed.). Barcelona: Grijalbo.

Masters, W., Johnson, V., & Kolodny, R. (1987). La sexualidad humana 2 (6 ed.). Barcelona: Grijlabo.

Minuchin, S. (7 de Febrero de 2011). Scribd. Obtenido de Scribd: http://www.scribd.com/doc/48377073/download-1-terapia-familiar-sistemica

Minuchín, S., & Charles Fishman. (2004). Técnicas de terapia familiar. Buenos Aires: Paidos.

Money, J., & Ehrhardt, A. (1982). Desarrollo de la sexualidad humana. Madrid: Morata.

Ortíz, P. (1997). La formación de la personalidad. Lima: Stella.

Quiles, J. (2011). Más que amigas. España: Debolsillo.

Riesenfeld, R. (2006). Bisexualidades. Barcelona: Paidós.

Riesenfeld, R. (2012). Papá, mamá, soy gay. Barcelona: Paidos.

Rodas, N. (2011). Introducción al paradigma del amor concreto. Lima: Revista de San Marcos.

Rubio, E. (2012). Educación integral de la sexualidad. México.

Vásquez, V. (2004). Enfoques emergentes en sexualidad. En V. Vásquez, & H. Zelada, Manual Educador en Sexualidad Parte I (2 ed., págs. 58-72). Lima: CEPESEX.

Vásquez, V., & Zelada, H. (2013). Manual Educador en Sexualidad Parte I (2 ed.). Lima: CEPESEX.

Vásquez, V., & Zelada, H. (2014). Manual Educador en Sexualidad Parte IV. Lima: CEPESEX.

Welbourn, A. (2006). Manual Paso a Paso (2 ed.). Londres: Mariscal.

Yañez, V. (1991). Hablemos de sexo (3 ed.). Lima: Argos Editores.

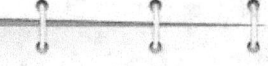

Terapia de los Aditos Sexuales

Roberto Rosensvaig
robertorosenzvaig@gmail.com

Los adictos sexuales que consultan por iniciativa propia son siempre menos que los que lo hacen por presión externa. Generalmente aparece alguna circunstancia que los expone y revela –aunque parcialmente- su secreto. Esto se potencia cuando ocupan alguna posición relevante o visible, deportiva, política, religiosa o en el sistema legal, lo cual agrega el temor constante a ser descubiertos. La relación entre el comportamiento predominante y la posibilidad de ser descubiertos es significativa, porque es más difícil ocultar relaciones extramaritales múltiples, o con prostitutas, que la masturbación compulsiva.

Si por el contrario, si se encuentran ubicados en una posición menos visible, su ansiedad es menor. Diría que se auto convencen de que el riesgo es mínimo, de allí que actúan con cierta omnipotencia.

Autores como Carnes, Goodman y Coleman, pioneros en el estudio de la compulsión sexual, definen este problema según un enfoque cognitivo-conductual.

Patrick Carnes (2008) fue el primero en poner en marcha un método de rehabilitación basado en el modelo de las doce etapas usado por Alcohólicos Anónimos.

Por ello proponía en sus grupos la total abstinencia de cualquier forma de comportamiento sexual, para seguir luego con experiencias sexuales con pareja única.

Otro terapeuta americano, John McCarthy (1994), trabaja al nivel de rehabilitación social, reestructurando los pensamientos no realistas.

McCarthy también sugiere el uso de medicamentos que eliminen el comportamiento compulsivo.

Lucien Potvin, desde una óptica autodenominada sexoanalítica piensa que la principal etapa a superar para lograr el éxito terapéutico es la comprensión y sobretodo la integración de los significados de la compulsión sexual, tanto en la fantasía como en la conducta sexual. La fantasía erótica y no erótica tendrían una función correctiva. Es decir, si el individuo repite sin parar los mismos comportamientos sexuales compulsivos, es con el fin de vivir la misma historia con la esperanza de que el final será diferente, que saldrá ganando, venciendo el trauma vivido, llenando sus vacíos interiores y afectivos y solucionando sus dificultades arrastradas desde su infancia. La sexualidad le sirve de pretexto para satisfacer sus necesidades no sexuales. También, en parte por este motivo, las personas sexualmente compulsivas muestran una conducta repetitiva. Como nunca pueden resolver sus problemas afectivos, repiten siempre lo mismo con la esperanza de tener un final feliz.

En el presente, las terapias vinculadas con las adicciones se han visto claramente influidas por los desarrollos de las neurociencias, que han demostrado que el cerebro tiene la capacidad de reestructurarse plásticamente. No es rígido e inmutable sino todo lo contrario.

Es cierto que nuestros genes o nuestros circuitos neurales predisponen a las personas hacia ciertos comportamientos, pero el cerebro es maleable, y nosotros podemos alterar estos circuitos neurales con las experiencias. Cuando un adicto concurre a una terapia o se entrena en meditación para reducir el estrés o para crear asociaciones entre el uso de drogas o experiencias sexuales compulsivas y los efectos negativos de estas en su vida, estas acciones que produce sobre sí mismo no ocurren en un circuito fantástico y etéreo opuesto a la biología, por el contrario, se sustentan sobre ella, y lo que es más relevante, tienen la capacidad de modificarla, porque crean cambios en el circuito del placer que permite revertir o contrarrestar los efectos de los comportamientos adictivos, es decir que trabajamos con los pacientes para "re-cablear" el desorden que las adicciones han generado en las vías neuronales. Esta es la base biológica de la terapia.

El cerebro funciona de un modo similar con la fantasía o la inducción de imágenes que con la acción. La pornografía y la masturbación sostienen la vía, por ello es que muchos adictos obtienen más placer en la anticipación de las acciones que en la realización de las mismas.

La base funcional de estas acciones está en la consolidación de las vías de respuesta, que se alimentan de ideas obsesivas.

El comportamiento adictivo esta sostenido entonces sobre redes neuronales que actúan como autopistas de alta velocidad, es decir que una vez iniciada la secuencia, esta se desplaza hasta el final previsto. A medida que el comportamiento se repite estas vías son más automáticas, de allí la impulsividad y la supresión del control prefrontal, que culminan en comportamientos fuera de control.

Modelo de cambio

El trabajo con adictos está lleno de frustraciones, porque sabemos que una parte significativa de los consultantes abandonará el tratamiento. Sin embargo buscamos todos los recursos para ayudarlos, no solo con el objetivo final de que se permitan liberarse de su adicción, sino también para minimizar los daños que esta le produce. Todas las historias que figuran en este libro dan cuenta del difícil proceso de cambio, con el que algunos se

comprometen, mientras que otros solo buscan ganar tiempo y reducir la presión. Discriminar entre ambos es un conocimiento que llega con la experiencia y los errores.

Creo que el adicto sexual tiene camino de salida cuando es capaz de reconocer que sus compulsiones son incompatibles con su desarrollo personal y puede formular un proyecto para sí mismo, congruente y constante. El desafío es que logre integrar sus comportamientos disociados, principalmente aquellos aspectos que le han llevado a repetir la acción a pesar de sus culpas y promesas.

En mi marco de trabajo destaco a la espiritualidad como relevante en la sanación. La espiritualidad –como yo la entiendo- no es una abstracción, sino que se revela y ejerce en actos espirituales, aquellos que conducen ser mejor persona, y parece claro que los comportamientos que sostienen la adicción los distancian de esa perspectiva.

El modelo para el cambio que uso en la actualidad está basado en seis etapas, que suponen un proceso continuo donde las personas comienzan a modificar sus comportamientos adictivos y se revelan capaces de sostener los cambios.

Estas etapas son: pre reflexividad, reflexividad, determinación de la acción, recaída y mantenimiento.

Las adicciones en el contexto de la ausencia de un proyecto reflexivo del yo.

Entiendo la reflexividad como la capacidad de un sujeto de tomarse a sí mismo como objeto de conciencia, y de modificar sus comportamientos de acuerdo a las nuevas decisiones adoptadas. Creo que este principio es la clave de cualquier modificación profunda del comportamiento. Sócrates fue radical cuando afirmó "La vida sin reflexión es una vida que no merece ser vivida".

El modelo no contempla una corriente continua de cambio sin interferencias, por el contrario, las personas en tratamiento pueden experimentar una repetición cíclica de estos estadios antes de establecer una transformación duradera.

Dentro de este ciclo se contempla la recaída como un suceso normal en el proceso de cambio, esta comprensión libre de negatividad, apunta a sostener la motivación del paciente, para que pueda moverse lentamente de etapa en etapa y no sienta como catastrófica ni inevitable la recaída.

Si se compara este abordaje con algunos métodos mas tradicionales que enfatizan la educación del paciente a través de indicaciones directivas como "haz esto ahora" "no hagas nunca esto otro" "no lo hagas todavía", se verá que aquí se centra más en el reconocimiento de la ambivalencia explícita con el cambio y en el desarrollo del reconocimiento de los límites y las debilidades cognitivas y emocionales.

La ambivalencia entre el deseo de sanación y la búsqueda de satisfacción inmediata, desafía la motivación y la persistencia del cambio, y si este se logra surgirá desde la transformación interior del sujeto, pero no de las imposiciones externas.

Etapa pre reflexiva

He señalado ya que los adictos generalmente no llegan a la terapia por sí mismos, más bien porque han sido presionados por otras personas (padres, parejas, sistema legal), es decir que la motivación por asistir a terapia es de otras personas mas que del propio paciente.

Este hecho explica el alto índice de deserción después de unas pocas entrevistas, como se puede constatar en las historias que siguen:

Jorge

Su motivo de consulta inicial, crisis de pánico (según su auto diagnóstico), se aparta bastante de los temas relacionados con las adicciones, pero a los pocos minutos de la entrevista, ese tópico da lugar a otro y a otro más, en una secuencia desordenada, donde de un tema se salta a otro sin puntos de separación.

Su vida comienza a ser narrada mezclando pasado, presente y futuro.

Pero comencemos desde el principio, desde su familia:
- Mi madre era muy fría, nos atendía, pero el cariño era poco. Además era como silenciosa y sufrida...no es para menos porque mi viejo siempre fue un cretino. Alcohólico, mujeriego. La insultaba y a veces también le pegó. El murió hace unos meses. Se estrelló con el auto. A pesar de todo en mi infancia y

adolescencia yo fui bastante normal. Siempre me fue bien en los estudios, además tenía facilidad para hacer amigos y pololear.

El sexo siempre me gustó, pero no tanto como después.

En la U fui también bastante normal, un poco de marihuana, tragos y ahí me empeza ron a gustar las pepas. Pero nunca pegado. La coca la probé, pero poco porque tengo una estenosis aórtica operada, creo que eso me hace mal.

Se casó hace quince años, tiene un hijo y está separado hace unos meses. Su mujer se separó porque no toleró más su irritabilidad y sus engaños constantes que ya no trataba de ocultar.
- Comencé a volverme loco hace unos diez años, me volví putero. Mi droga es el sexo" todas las semanas mujeres distintas, tenga que pagarles o no, en verdad me da lo mismo.

Le gustan todo tipo de mujeres, pero si está ansioso o muy "puesto" se vuelve poco selectivo.

A pesar de haber hablado casi toda la entrevista de sexo, afirma luego que eso para el
no es un problema, porque se siente en su mejor momento.

A esa altura de la sesión, yo no tenía claro porque Jorge estaba allí, sus llamados ataques de pánico, eran descargas agudas de ansiedad, que probablemente requiriesen una adecuada medicación psiquiátrica, pero obviamente no era yo quien lo haría. De modo que le pregunté directamente para que estaba aquí.

Fue la primera vez en la sesión que se mantuvo en silencio unos instantes. Su respuesta fue vaga, pero sincera.
- No lo se en verdad. No te dije antes que el que insistió mucho fue Claudio P., el te respeta mucho (se refería a un ex paciente), me dijo que me estaba cagando la vida. Sin pareja, puteando y drogándome. Lo que según él fue el colmo es que yo ando pololeando con una mujer que conocí como prostituta. Pero creo que se equivoca porque con ella yo puedo ser como soy. Yo a Claudio lo quiero mucho, es mi mejor amigo y me dijo que si seguía así, el no iba a ser cómplice de mi suicidio. Pero yo no pienso para nada en eso, al contrario, me siento fantástico. Un poco pasado no más, pero puedo controlarlo.

144

La despedida de la sesión fue abierta, pero con la certidumbre de que el no iba a volver. Simplemente había cumplido con la demanda y la motivación de otro.

Hernán

La historia de Hernán, muestra como el descontrol de sus impulsos lo conducen lenta, pero inexorablemente, hacia un escenario donde se expone ante la mirada y la evaluación de los demás, incluyendo finalmente a su esposa.

Se refiere el mismo con estas palabras a su situación:

-Estamos pasando un momento complicado. Salí de casa hace diez días. Fue un quiebre.

Saltó por mi lado, pero hace tiempo que la pareja ha ido decayendo, caminamos en paralelo. Andamos juntos, pero desconectados. Yo asumo parte de la responsabilidad, pero creo que las cosas que hice tienen más que ver conmigo que con ella.

No recuerdo muy bien cuando empecé, hace como cuatro o cinco años. Antes era muy discreto en mis aventuras, después me empecé a hacer el lindo con las amigas. Siempre con trago, parecía broma, pero se me salía insinuarme con ellas. El trago me suprime la voluntad y pierdo conexión con lo que estoy haciendo. Un par de veces me pararon los carros, pero sin rollos. O por lo menos eso es lo que yo creía. Tenía hartas fantasías, me parecía que estaban dispuestas, pero nunca pasó nada con ellas.

Hace dos años empecé con las putas, cada dos semanas más o menos. También me masturbaba y trataba de tener relaciones con mi esposa, una vez al mes, o cuando ella lo aceptaba, pero eran muy rutinarias.

Yo creo que empecé a obsesionarme cada vez más con el sexo. Pero todo estaba más o menos controlado hasta que empecé a hacerle proposiciones a la nana. Ella fue y se lo contó directamente a mi mujer. Ahí me enteré que también sus amigas se habían quejado de lo insistente que me estaba poniendo. Ella me encaró frontalmente -siempre tuvo uncarácter muy fuerte- Me dijo que había perdido la confianza y el respeto, que le daba asco

145

y que mejor nos tomáramos un tiempo separados. Fue muy fría, como aliviada con lo que estaba haciendo.

De eso hace diez días. Y no hubo más escenas, ni llanto, ni gritos. Ley del hielo. Yo estoy arrepentido a morir y quiero recuperarla.

Toda esta intensidad le desapareció cuando su mujer le permitió volver, con condiciones y compromisos, entre los que no se contaba la terapia.

El primer objetivo entonces, es mover al paciente a un estado más reflexivo sobre sí mismo, sobre su situación y sobre el peso de sus acciones hacia otros. Hacer crecer sus dudas sobre la legitimidad y el sentido de sus actos, sobre el riesgo y los problemas de sus comportamientos sexuales.

En otras palabras, en estos primeros momentos, la terapia se focaliza en aumentar la contradicción presente en sus conductas sexuales compulsivas, como un balance de costobeneficio, de ganancias y de pérdidas.

Un error en el tratamiento de cualquier adicto, es presuponer que está dispuesto a considerar las abiertas contradicciones entre sus aspiraciones, ideales y concepciones morales con respecto a sus prácticas sexuales. Por el contrario el usará la disociación y la negación como estrategia para sostener sus comportamientos ligados al placer sexual. El riesgo de estas personas está en su mundo interno, porque se alimenta de sus propias fantasías y

recuerdos, y cuando expresan el deseo de abandonar el comportamiento adictivo, creen el poder de la voluntad, pero esta fracasa porque es una alternativa de corto plazo, una promesa enunciada más hacia el mundo externo que a su propio ser.

Una estrategia terapéutica solo es efectiva cuando conduce al paciente a comprender y validar sus razones internas para el cambio, de este modo estará capacitado para elegir y comprometerse.

Cada entrevista es una unidad y se trabaja como tal, con una síntesis de la reunión precedente (realizada por el paciente) y se termina con una conclusión del terapeuta que se incorpora al diario de la terapia. Esta dinámica brinda confianza y seguridad, porque se ubica en una trama estructurada e impide las maniobras distractivas o defensivas.

Establece además la percepción de los cambios, no como hechos aislados, sino en una continuidad.

El paciente aprende a diferenciar las voces internas que por un lado expresan su deseo de cambiar, opuestas a aquellas que incitan su deseo. Estas últimas representan su lado B, la voz que no debe aceptar, sino por el contrario confrontar.

La historia muy personal de José Luis

Reconozco que dudé en incluir esta narración en primera persona, porque fue escrita en su totalidad por un paciente, con el que me comprometí a incluirla en un futuro libro, porque el creía que su testimonio podría ser útil a otras personas o parejas en una situación similar. Dudé porque el centro de este relato es el travestismo, que si bien está marcado por la compulsividad no se podría incluir en el campo de las adicciones, porque incluye además complejos problemas relacionados con el género y la orientación sexual.

Sin embargo finalmente decidí cumplir con lo prometido. Las que siguen son sus palabras textuales.

-Me carga la palabra travesti. Creo que tampoco me gustan los travestis. No me agrada ver un hombre vestido de mujer o imitando a una mujer. Lo encuentro patético. Debe ser las cargas culturales que tengo en la cabeza frente a eso.

Pero cualquiera diría que yo soy un travesti. Uff, me carga decirlo. Bueno, la verdad es que no me siento un travesti, pero sí me gusta ponerme ropa de mujer. Lo hago desde hace algún tiempo y debo confesar que me gusta la sensación de ponerme ropa tradicionalmente femenina, como faldas, vestidos y zapatos de taco alto.

Pero no me creo una mujer, ni me siento una mujer. De hecho, al menos hasta ahora nunca me he maquillado ni me he puesto una peluca, menos aún pensar en afeitar mis piernas. Y tampoco tengo la intención de hacerlo. Me gusta la sensación de vestir del cuello para abajo con ropa de mujer, aunque en muchas ocasiones sólo baste con ponerme unos zapatos de taco y medias, nada más.

Me gusta más el término crossdresser, quizás porque aún no está cargado de connotaciones negativas. Es una palabra que refiere a alguien que se pone la ropa del otro sexo.

Hablar de travesti evoca prostitución, perversión, suciedad, violencia, homosexualismo, etc.

Nada de eso tiene algo que ver conmigo. Aunque por las cosas que tenemos en la cabeza tendemos a pensar que un hombre que se pone ropa de mujer es inmediatamente maricón. Yo no lo soy. Para serlo me tendrían que gustar los hombres y no es así. Me gustan las mujeres y mucho. Y en eso no tengo la más mínima duda. Ni jamás la he tenido.

¿Entonces porqué me pongo ropa de mujer? No tengo idea. Algunos dicen que los hombres que se ponen ropa de mujer lo hacen porque no han reconocido su homosexualidad.

O son transexuales, es decir que se sienten mujeres en un cuerpo de hombre. O son pervertidos. O están locos. Creo que no calzo con ninguna de ellas. No soy homosexual y lo tengo claro. Estoy feliz de ser hombre y jamás he tenido la creencia de que mi cuerpo pueda estar equivocado. Pervertido no soy. Es difícil demostrarlo, pero yo sé que es así. Tal vez pueda estar un poco loco. ¿Y quién no?

De nuevo. ¿Por qué me pongo ropa de mujer? No lo sé. Sólo sé lo que me provoca, pero eso es una consecuencia, no la causa de que me guste y quiera ponerme ropa de mujer.

Algunos dicen que las causas del travestismo (de nuevo la maldita palabra) está en la infancia de las personas.

Veamos.

Creo que fui un niño normal. Nací cuando mi hermano mayor tenía dos años y medio.

Desde siempre fuimos compinches y amigos. Hasta el día de hoy. No recuerdo ninguna situación traumática, padres ausentes o cosas raras que "expliquen" mi conducta. Mi familia es una familia normal. Padres normales, tres hijos (mi hermana nació 5 años y medio después que yo), una situación económica que fue progresivamente mejorando. Nada anormal. No fui un niño golpeado o maltratado. Mi padre no es alcohólico ni golpeador ni abusador. Mi madre es una mujer normal, jugada por su familia y por sus hijos. En general mis papás son excelentes papás y siempre se la han jugado por nosotros. Nada anormal que algún psicólogo pudiera decir ahá, ahí está la causa.

Sí debo reconocer que mi mamá es una mujer dominante, con una personalidad fuerte y que ejerce gran influencia sobre sus hijos. Quizás por ahí puede haber alguna conexión, aunque yo no veo ninguna.

Dicen también que los travestis (de nuevo...) lo son desde niños. De nuevo no es así en mi caso. No me acuerdo que haya tenido alguna intención de ponerme ropa de niñita cuando chico. Es más. Me eduqué en colegio de hombres y mis amigos eran sólo hombres, con los que vivíamos arriba de los árboles, tirando plumillas y, por supuesto, jugando a la pelota gran parte del día. Un niño normal. Tímido. Callado y excelente alumno. Siempre entre los mejores de la clase. Un niño inteligente y tranquilo que no le daba problemas a sus papás.

Mal genio, eso sí. Desde niño fui mal genio y arrebatado. Con el paso de los años lo he ido controlando, pero siempre quedan resabios.

No recuerdo nada que sirva para esto, al menos en mi niñez.

Mi adolescencia creo que fue igual que la de la mayoría de los de mi época. Me enamoré como todos los adolescentes. Sufrí por amores platónicos, como todos. Aquí sí hay algo que ahora me hace sentido. Con el despertar de los sentidos que se da en la adolescencia me di cuenta que me gustaban mucho las mujeres con zapatos de taco alto. Me empecé a fijar en los zapatos de taco alto y las medias con portaligas. Pero eso no tiene nada de raro.

Creo que el 90% de los hombres debe encontrar sexy y atractiva a una mujer con tacos altos y medias con ligas. Yo tampoco encontraba raro que me gustara. Pero sí me di cuenta que frente a una revista, las típicas revistas de mujeres desnudas que

149

circulaban entre amigos, yo prefería mirar las fotos de las mujeres que estaban con algo de ropa interior a aquellas que estaban totalmente desnudas. De nuevo, qué tiene de raro, si es mucho más sexy la insinuación que mostrar todo de una vez.

Lo concreto es que ahora mirando hacia atrás me doy cuenta que en ese momento comenzó mi atracción por la lencería, las medias con portaligas y los zapatos de taco alto. Recuerdo que una vez miré con detención un zapato de taco de mi mamá e intenté ponérmelo por curiosidad. No recuerdo bien qué me pasó, pero me causó temor y traté de olvidarlo y de no intentarlo de nuevo. Este episodio se me había olvidado y sólo me acordé después de haber descubierto este gusto por vestirme con ropa de mujer.

Mi adolescencia transcurrió normalmente. Mi fijación por la lencería y especialmente por los zapatos de taco alto se mantuvo, pero no me inquietaba mayormente. Sí ahora recuerdo que siempre evité decir que me gustaban los zapatos de taco alto para no develar mi secreto. ¿Qué secreto? Sentía que si decía que encontraba atractiva a una mujer con tacos todo el mundo se iba a dar cuenta que me gustaban mucho y que probablemente quería ponérmelos. Aparte de eso nunca tuve más angustias.

Pasó el tiempo y me casé, nacieron mis hijos y he sido tremendamente feliz con mi familia. Soy un tipo normal que hace poco descubrió que le gusta ponerse ropa de mujer.

¿Cómo ocurrió eso?

El proceso es largo. En algún momento comencé a darme cuenta que mi atracción por lo zapatos de taco alto y la ropa bien femenina se mantenía. Pero mi esposa no era muy dada a usar ese tipo de ropa. La verdad es que a los 24 años ninguna mujer se viste así, es cierto. Creo que muchas veces le insinué o creí haberle insinuado que me gustaba ese tipo de ropa, pero sí me acuerdo que después de algunos años de casado un día conversado con mi señora le mostré una foto de una revista donde aparecía una mujer vestida como ejecutiva de Wall Street, traje con falda, zapatos de taco alto y look moderno y elegantemente sensual. Así te deberías vestir, le dije. Me encantaría, me respondió.

Ahí sentí que se abría una puerta. No sólo amo a mi mujer, sino que la encuentro la mujer más atractiva de la tierra. Me encanta. El puro hecho de imaginarla vestida así me excitaba. Y lo sigue haciendo. Me fascina cuando se viste así. Me gusta mucho mirarla y admirarla.

En otra ocasión recuerdo haberle mostrado una revista de moda donde aparecía una modelo con zapatos de taco alto y le dije qué lindos esos zapatos, lo que para mí era como decir mi secreto. Yo esperaba que la respuesta fuera, me cargan esos zapatos, son tan incómodos, como me había comentado antes, al pasar. Pero me dijo, qué lindos, me gustan.

Así poco a poco mi señora comenzó a adoptar un look más ejecutivo, que a mí me gusta, hasta que un día decidí comprarle unas botas puntudas y con taco como regalo. Le encantaron.

Este era un paso nuevo y super importante. Nunca le había comprado ropa a mi señora o zapatos. Menos ropa interior. Sentía que las tiendas de ropa de mujer o las zapaterías de mujer eran terreno vedado para los hombres. Por una absurda razón me daba vergüenza entrar a una tienda de mujer. Sentía que si lo hacía todo el mundo me iba a mirar e iba a pensar que buscaba ropa para mí. Es un absurdo, pero eso sentía. Nunca me había vestido

de mujer, pero sentía que si entraba a una tienda la gente creería que lo hacía para mí. Creo que mi inconsciente ya sabía lo que quería.

Otro paso fue comprarle de regalo un corsé con portaligas (la verdad no sé si fue antes o después de las botas). Creo que me costó cerca de dos días tomar la decisión de comprarlo y cuando fui a la tienda pasé tres veces por fuera antes de decidirme a entrar. Pero cuando lo hice me di cuenta que había sido fácil.

Pero también hubo traspiés. Un día mirando zapatos de mujer, pensando en comprar unos para mi señora le pido al vendedor en el número de mi señora y me dice que no hay.

No sé por qué razón contra pregunté si habían en número 40 (el número que yo calzo). El vendedor me miró y me dijo muy serio, los zapatos de mujer sólo vienen hasta 39. Sentí que todo el mundo me miraba y que el vendedor se había dado cuenta de que quería zapatos para mí. Salí rápido de la tienda y me fui. No sé por qué pregunté por número 40, no lo había pensado, pero estaba claro que quería unos zapatos para mí.

Desde ese momento comencé a darle vueltas en la cabeza la idea de comprar zapatos para mí, pero la frase del vendedor me decía que era imposible. Los zapatos de mujer sólo vienen hasta 39. ¿Sería una regla de la tienda o de todas las zapaterías de mujer? No tenía cómo averiguarlo.

Pasó el tiempo y un día mirando zapatos en una multitienda vi unos que me gustaron mucho y decidí comprarlos para mi señora. Pedí el número que calza mi esposa y mientras pagaba le dije al vendedor que no estaba seguro de la talla y que si era posible cambiarlos.

Ningún problema me dijo. Estos zapatos vienen del 35 al 40, dijo. ¿40, no que los zapatos de mujer sólo se vendían hasta 39?

Esperé algunos pocos días y volví a la tienda. Pedí los mismos zapatos en 40.

Apenas pude me puse los zapatos. Todavía recuerdo la sensación de agrado que me provocó. Fue como si siempre los hubiese usado. No me costó caminar con ellos y sentí que me gustaban, que eran cómodos y que podía estar mucho rato con ellos. También me sentí excitado al mirar en mis pies los zapatos que tanto me gusta ver en las mujeres.

Pero también me asusté. ¿Qué estás haciendo? Me dije. ¿Qué es esto? ¿Te volviste maricón?

Me los saqué y los escondí en mi auto. Iba a botarlos, pero tenía que idear cómo hacerlo. No los iba a dejar en el basurero de la casa. Pasaron los días y volví a usarlos. De nuevo las mismas sensaciones y la misma culpa y angustia. ¿Si mi señora me ve qué va a pensar? ¿Si encuentra los zapatos en el auto lo último que va a pensar es que son míos?

152

Guardé los zapatos por algún tiempo en un escritorio de mi oficina. Junto con la inquietud que esto me provocaba, también me di cuenta de que me gustaba hacerlo, que me dada tranquilidad y que era muy agradable. En una de esas ocasiones decidí ponerme unas medias de mi señora y ahí descubrí otra cosa nueva. Con las medias, los zapatos quedan mejor, más cómodos. De ahí a probar el portaligas, un calzón y sus faldas y vestidos no pasó mucho tiempo.

Pero me asusté. Me cagué de susto.

Mi cabeza comenzó a trabajar horas extra tratando de entender qué me pasaba. Había leído muchas veces acerca del fetichismo y las teorías de Freud al respecto. Siempre pensé que mi interés por los zapatos de taco alto era un caso de fetichismo. Pero ahora había cambiado. Ya no eran sólo los zapatos. Me había vestido con ropa de mujer completamente.

Y me había gustado. Lo había hecho ya varias veces. Pensaba y pensaba y a ratos me angustiaba. ¿Y si de repente me puse maricón? No puede ser. No me gustan los hombres.

¿Y si es como una enfermedad y éste es el primer síntoma? No sabía nada al respecto ni tenía a quién preguntarle ni a quién confiarle mi secreto.

Mientras los días y meses pasaban comencé a pensar que la única persona a quién podía contarle era a mi esposa. Lo evalué mil veces. Los pros y los contra. Al final me dije que era mejor contarle a que se enterara por sorpresa. Además necesitaba ayuda. Urgente.

Así un día le envié el siguiente correo electrónico:

Probablemente lo que te voy a contar te va a sorprender y es posible que también te decepciones de mí.

Es algo que quizás no debería contarte, pero prefiero hacerlo para evitar malos entendidos y porque siento que tengo que hacerlo, aunque me da un poco de vergüenza.

Es raro y difícil de contar. Debo partir recordándote que siempre te he dicho que me gustan los zapatos de taco alto en las mujeres, esos con taco bien alto, bien fino y puntudos. No sé por qué me gustan, pero siempre he encontrado que las mujeres se

153

ven muy bien en ellos, se ven muy atractivas. Pero junto con gustarme siempre me han generado una gran curiosidad.

¿Cómo será caminar con esos zapatos? ¿Qué se sentirá? ¿Será tan difícil andar en ellos? Son preguntas que siempre me hice. Poco a poco el tema se fue convirtiendo casi en objeto de estudio (tú ya sabes de mi obsesión por el análisis racional de todo). Y por eso muchas veces te hice preguntas al respecto.

El punto es que un poco después de que te regalé unos zapatos de taco alto se me ocurrió la "genial" idea de aprovechar que estaban baratos en la liquidación de Ripley y comprar un par de zapatos de taco alto de mi talla... para probar. Fue una de esas ideas locas que se cruzan en la cabeza. Había visto lo fácil que era comprar un par de zapatos de mujer, que además estaban baratos, entonces me dije, sal de las dudas y ve qué se siente al andar con esta clase de zapatos.

Y lo hice. Compré un par de zapatos de taco alto número 40 y aprovechando ocasiones en que tú no has estado en la casa me los he puesto. Lo más curioso de todo es que encontré bastante cómodos esos zapatos y hasta me gustó usarlos. Sé que suena súper raro y no sé qué debes estar pensando en este momento. Tal vez estás pensando que soy gay o qué sé yo. Pero no es así. No lo soy. No me gustan los hombres, no quiero ser mujer, ni nada por el estilo. Sólo quería salir de la curiosidad y pensé que no había nada de malo en ello. Tengo mis cosas bien claras y pensé que no había rollos en probar. Y sigo pensando lo mismo, pero me complica lo que tú puedas pensar. Sé que esto te va a confundir y por eso preferí contártelo, porque si un día encontrabas esos zapatos podías pensar cualquier otra cosa.

He meditado bastante acerca de contarte esto o no. Por un lado quiero ser muy transparente y no tener nada que ocultarte, sobre todo porque no veo nada malo. No siento que haya hecho nada pervertido ni mucho menos, no tengo dudas sobre mi sexualidad ni mucho menos. Aunque es un tema perturbador, sobre todo por toda la carga emocional que conlleva.

En más de algún minuto llegué a pensar que me podía estar convirtiendo en maricón, pero sé que no es así y no tengo la más mínima duda. Tal vez algún enredo debo tener en mi cabeza que me hace tener esta cuasi obsesión por este tipo de zapatos, pero es algo que controlo totalmente y que no me causa problemas. Al final, quien podría decir que su cabeza es totalmente perfecta.

Pero por otro lado he dudado en contarte por lo que podría provocarte. No sé si lo vas a entender y podrías pensar cualquier cosa, podrías decepcionarte de mí y alejarte de mí. Ése es mi mayor terror. Pero también sé que contándotelo podrías entenderlo mejor a que si te enteraras de otra forma.

La verdad es que he optado por contarte, porque no veo nada de malo en lo que hice, porque prefiero que no haya nada oculto entre los dos y porque tal vez tú podrías ayudarme a entender este rollo, aunque como te dije no me causa problemas. Sólo me llama la atención que algo tan ridículo como un par de zapatos pueda generar este tipo de cosas. A veces lo he pensado al revés, en el sentido de que a ti te gustaran los zapatos de hombre y al mirarlo así me he dado cuenta de lo absurdo del tema.

La verdad es que es hasta para la risa, pero lo que más me preocupa es que tú puedas dudar de mi sexualidad y en eso quiero ser bastante claro: YO NO TENGO NINGUNA CLASE DE DUDA.

Por favor, no te rías de mí y no lo divulgues y dime lo que piensas de esta nueva locura de tu marido.

Te amo,

Apreté *send* y esperé. A los cinco minutos ya me había arrepentido de enviarlo. No le había contado todo porque para mí lo importante era el tema de los zapatos y lo sigue haciendo. Siento que el hecho de ponerme el resto de ropa de mujer es sólo una forma de complementar los zapatos. Porque usar zapatos de taco alto con ropa de hombre no pega para nada. En esa búsqueda, creo es que empecé a completar con las otras prendas y aproveché de probar esas que tanto me han gustado siempre, como son los portaligas y la lencería.

Con esta confesión se desató una crisis en mi matrimonio. Obviamente mi esposa no entendía nada de nada y se imaginaba lo peor. Conversamos muchas veces y también peleamos y discutimos. Prometí llorando no hacerlo nunca más y me propuse cumplirlo. Boté los zapatos a la basura y me propuse fuertemente cumplir mi promesa. Pero no pude hacerlo. Recaí y compré otros zapatos que mi esposa descubrió con "ayuda" mía. De cierta manera inconsciente quería hacerle saber que no podía dejar de hacerlo. Volví a prometer y volví a recaer.

Buscamos ayuda en un terapeuta de parejas, a los pocos días de mi confesión. Con algunas sesiones yo me tranquilicé muchísimo cuando me explicó que no me estaba poniendo maricón, que si lo fuera lo habría sido desde siempre y no de repente. Que si no me gustaban los hombres no tenía por qué pensar que fuera homosexual. Me habló de trancas infantiles y que sería muy difícil determinar las causas de mi comportamiento. Me tranquilizó por un lado, pero por otro me dio a entender que el futuro de mi matrimonio estaba amenazado.

Por eso me hice el firme propósito de cambiar. Recé mucho también para que Dios me ayudara a cambiar. Pero el tiempo sólo me dijo que es imposible cambiar. Después de mucho pensar me di cuenta que en el fondo no quería cambiar, porque usar zapatos de taco me gustaba y quería hacerlo.

Este período fue bastante agitado y sobre todo lleno de confusiones en mi cabeza y en la de mi esposa. A veces ella me decía que no le importaba el tema y otras que no lo soportaba. No sé cuántas veces hablamos y cuántas veces discutimos del tema. No fue para nada fácil. Yo me sentía muy culpable de estar haciendo algo que ponía en riesgo lo que más amo en la vida, mi mujer y mis hijos. Pero por otro lado también sentía que no era tan grave lo que pasaba, que no era algo fundamental. Yo le decía a mi señora que este gusto era igual que cualquier otro gusto mío, como jugar fútbol o como fumar. No tiene mucha explicación y dan placer.

156

Hasta ese minuto el tema sólo eran los zapatos, pero la intuición de mi esposa la hizo darse cuenta de que había algo más. Un día estábamos jugando un juego de dados con pruebas eróticas. Y salió una prueba en que debíamos intercambiar la ropa. En ese minuto mi esposa sumó dos más dos y se dio cuenta de que también me gustaba ponerme sus vestidos y sus medias. Debe ser que soy tan obvio que todo se me nota. Más aún cuando en juegos siguientes insistí en hacer esa prueba y ella insistió en no hacerla.

Finalmente ella me escribió una carta donde me decía esto:

"Me di cuenta que te gustó vestirte de mujer, y por favor no me digas que no o que son ideas mías o que es sólo un juego. Si es así, no tendría tanto efecto en tus reacciones que yo dijera que no quiero hacerlo. Te pido que busques en tu cabecita y en tu corazón y reconozcas que eso te excitó y te gustó. Quizás descubriste algo nuevo que te gusta además de los zapatos.....

"Bueh, lo primero que hice fue ir al psicólogo. Sí, sentí que todo empezaba de nuevo, me recogí un poco. Después me dijiste que buscando "juegos" llegaste al sitio de la española que me mandaste. Pero para mala suerte tuya, justo el día después, estaba buscando en google no sé qué cosa y puse "c" y se desplegó "cambio de roles", lo que me llevó donde tu me habías enviado....obviamente es un tema que te estaba comenzando a obsesionar. Después, cuando jugamos de nuevo te taimaste porque no salieron las tarjetas que hiciste; cuando jugamos de nuevo, te molestó que no quisiera jugar al cambio de roles....¿te digo que me pasa?, descubrí otra cosa que te gusta, he pensado que cuando yo salgo tu te pones vestido y zapatos. Tengo que decirte que lo he pensado seriamente, por eso cada vez que me tocabas el tema, como que me sentía incómoda".

Ella ya sabía mi secreto. No me quedaba más que reconocerlo. Volvimos a conversar largamente. En esta oportunidad creo que no hubo grandes discusiones. Comenzamos a tener discusiones de temas laterales que en el fondo eran por lo mismo y por mi temor de perderla. Ante el primer cambio en ella yo sentía que la perdía por esto y comenzábamos una conversación que terminaba en discusiones, lágrimas y mucha pena.

No fue nada de fácil y sigue siendo difícil. Comenzamos un trabajo lleno de tropezones, pero un trabajo destinado a salvar nuestro matrimonio. Ella siguió yendo a conversar con el terapeuta y yo seguí investigando del tema.

Ella con muchas dudas comenzó a tratar de entenderme y darme el gusto. Tanto que un día me compró un vestido y me dijo "esta noche lo puedes usar". Era una situación totalmente inesperada para mí. Acostamos a los niños servimos la comida en la mesa y yo me fui a cambiar. Dudé un rato sobre hacerlo o no y finalmente lo hice. Me puse el vestido que me había comprado, unas medias de ella y unos zapatos de taco alto. Nunca nadie me había visto así. Tremendamente nervioso salí de la pieza y caminé al comedor. Por primera vez alguien me vería con vestido y con taco alto. No tenía idea cuál podría ser la reacción de mi esposa. Podía pasar cualquier cosa. Me paré cerca de ella. Me miró y me dijo, ven siéntate. Me senté y comimos. Creo que nunca había estado tan tenso y nervioso en mi vida. No me acuerdo de qué hablamos y la comida la sentía sin sabor. Terminamos de comer y nos sentamos a conversar en el living. Me di cuenta que para ella fue muy difícil y que no lo estaba pasando bien. Ella se fue a acostar y yo me quedé fumando un cigarro en el patio.

Nunca me imaginé que algún día iba a estar frente a otra persona vestido con ropa de mujer. Nunca pensé que mi esposa me vería así. Fue muy raro. Pero era algo que yo quería y que en el fondo me gustó mucho y que, lógicamente, me gustaría repetir.

De ahí en adelante yo sentí que el tema estaba más o menos solucionado y me relajé demasiado. En ocasiones en que ella salía yo me quedaba vestido hasta que llegaba y en cierto modo la obligaba a que me viera así. Es cierto que muchas veces no me di cuenta del paso de la hora, pero en el fondo lo que quería era que me viera.

Hasta que el tema hizo crisis nuevamente y volvimos a discutir. Idiotamente volví a prometer que no lo haría más y lo volvía a hacer. Estábamos jugando un juego en que ninguno decía la verdad. Ella me pasaba mensajes en el sentido de que estaba bien y no le importaba, si hasta había comido conmigo vestido así. Pero en el fondo el tema le molestaba y no quería que yo avanzara tanto. Yo, por otro lado, decía que iríamos lento, pero me aceleraba y hacía cosas que había prometido no hacer.

En todo este proceso hemos estado permanentemente hablando y enviándonos cartas.

No sé cuántas nos hemos escrito, pero nos han ayudado a entender mejor lo que pasa con cada uno. Tuvimos una nueva larga conversación sobre el tema, mucho más serena después de que yo comencé a enviarle información sobre el tema que encontré en Internet.

Eso nos sirvió para mirar la situación desde otro punto de vista. Han pasado cerca de dos meses desde esa conversación y creo que hemos andado mejor. Nos estamos respetando lo que cada uno quiere y los espacios de cada uno, lo que nos ha permitido estar mejor.

Siento que con el paso del tiempo hemos ido poniendo todas las cartas sobre la mesa y eso nos ha permitido actuar sobre la verdad. Por mi lado estoy tranquilo porque no oculto nada y entiendo lo que le pasa a mi esposa. Creo que estamos avanzando. Paso a paso avanzamos en algo que yo nunca imaginé que nos ocurriría.

LOS QUE FRACASAN CON EL ÉXITO: ¿UNA VARIANTE DE LAS FOBIAS?

Adrián Sapetti
MÉDICO ESPECIALISTA EN PSIQUIATRÍA
PSICOTERAPEUTA
SEXÓLOGO CLÍNICO
e-mail asapetti@websail.com.ar

"Si no hallas nada aquí, en los pasillos, abre las puertas; si no hallas nada detrás de las puertas, tienes otros pisos; si no encuentras nada arriba, no importa; lánzate nuevamente escaleras arriba.
Mientras no dejes de subir no tienen término los escalones; bajo tus pies que ascienden, crecen ellos hacia lo alto".
Franz Kafka, "Diarios" 6

"Ten cuidado con lo que deseas pues puede convertirse en realidad", es una frase atribuida a Oscar Wilde, aunque algunos sostienen que está basada en un antiguo proverbio chino o árabe. Los profesionales de la salud mental (psiquiatras, psicólogos, sexólogos), estamos acostumbrados a ver y escuchar, en muchos de nuestros pacientes que, paradójicamente, la sola idea que lo planteado en la frase inicial sea posible, los angustia de tal manera que, en ciertos casos cercanos a terminar exitosamente sus tratamientos, súbitamente desaparecen y no regresan a las consultas. A veces retornan años después con un rebrote sintomático. Como en el mito de Sísifo cuando llegan a la cima de la montaña cargando una piedra ésta se les cae y tienen

161

que volver a cargarla y subir para que les vuelva a ocurrir lo mismo, eternamente.

Lo aparentemente contradictorio es que, mientras buscan tener logros con sentimientos de satisfacción y placer, lejos de esto, algunas personas, una vez obtenida la realización de sus deseos, abandonan lo que consiguieron, se desbarrancan emocionalmente, agravándose su cuadro precedente o presentando diversos síntomas en el cuerpo. Ya nada los detendrá hasta destruir los logros obtenidos.

En este ensayo articularé literatura y psicoanálisis para intentar comprender, con sus aportes, situaciones de miedo al éxito que suelen verse en la clínica en el decurso de los tratamientos.

Freud – en su artículo *"Los que fracasan al triunfar"*- sostenía que los hombres enfermaban de neurosis a consecuencia de la frustración (denegación o privación). Pero observaba que ciertos hombres se enfermaban cuando se les cumplía un deseo largamente anhelado y buscado por mucho tiempo [4, 5].

¿Culpas?, ¿temor a un mayor compromiso y el deber de asumir la adultez?, ¿ideales del yo muy altos?, ¿no poder superar a la figura paterna? (recordemos la *"Carta al padre"* de Frank Kafka).

Son poderes de la conciencia moral lo que les impide disfrutar del logro obtenido.

Aparecen ideas encubridoras: *Ahora me doy cuenta que esta profesión no me gusta, mi vocación es otra... Esa mujer no es para mí, no sé si la quiero tanto como para hipotecar mi vida...... Me faltan dos materias para recibirme, en cualquier momento las doy, aunque hace tres años que no curso... Con esta mujer pierdo la erección cada vez que voy con ella y eso que es bellísima, ¿será que no me excita?*

Detrás de estas pantallas aparecen temores a crecer y a ser castigados por ello. La figura de un padre todopoderoso o por el contrario desdibujado y sometido al poder de la esposa, se cierne sobre estas personas, que se baten en la lucha por superar al padre o no animarse a enfrentarlo y no poder superarlo jamás. *A tu padre te tendrás que parecer y a tu padre no te tendrás que parecer*, sería uno de los dilemas que tendrían que atravesar. Algo similar, siguiendo un concepto de Wilhelm Reich, son aquellas mujeres cuya posición existencial es: *si mi madre ha soportado un matrimonio ruinoso yo también lo soportaré.*

Freud analiza, como paradigma de los que fracasan al triunfar, a Macbeth y a su esposa –personajes de la obra *"La tragedia de Macbeth"* de Shakespeare- quienes, después de conseguir lo que tanto ambicionaban: matar, mientras duerme, a Duncan, Rey de Escocia -una especie de padre sustituto para Macbeth- y apoderarse de su reino, comienzan a enajenarse y una vez ejecutado este plan terminan presos de la locura, tomando una dimensión que lleva todo a la destrucción y a sembrar muertes por doquier[4, 5, 9].

Dice Lady Macbeth: *"¿De qué nos sirve haber logrado nuestros deseos, si no alcanzamos luego placer ni reposo? Es preferible la paz de nuestras víctimas al falso goce que proviene del crimen"* [9].

Harold Bloom – el ensayista y crítico norteamericano- nos sugiere que hay elementos de violencia sexual en el asesinato del Rey Duncan. No se nos muestra cuántas puñaladas le propina Macbeth mientras duerme1. Macbeth dice: *"¿Quién puede ser al mismo tiempo sabio e idiota, templado y furioso, leal e indiferente? Aquí Duncan tendido, con su piel de plata guarnecida con su sangre de oro; y sus heridas abiertas se parecían a una brecha en la naturaleza, para la pródiga entrada de la ruina"9.* Bloom sostiene que hay una fuerte carga sexual en las expresiones *"brecha en la naturaleza"* y *"pródiga entrada"*[1].

"¡Él no tiene hijos!", dice Macduff, rival de Macbeth. Éste, incapaz de engendrarlos, asesina a los hijos de sus enemigos o competidores al trono[1, 4, 5]. Lady Macbeth le imputará al marido el fracaso de su virilidad: *"inválido de propósito... tu constancia te tiene abandonado"*. Le cuestionará su hombría, enrostrándole ser el culpable de una doble frustración:

su maternidad fallida y su insatisfacción sexual. Luego exclama: *"¡Quítame el sexo aquí!"* (*"Unsex me here"*)...

163

"*¡convierte en hiel la leche de mis pechos!*". Ella se terminará suicidando.

Macbeth ha perdido su deseo en el camino del crimen y está condenado a ser un pobre actor, demasiado ansioso, que pierde y se desubica en sus entradas.

"*La vida no es más que una sombra pasajera, un pobre actor que tropieza y tartamudea en el escenario, y luego no se oye nada; es un cuento contado por un idiota, lleno de sonido y de furia, que no tiene sentido*" [9].

"*La tragedia de Macbeth*", William Shakespeare

Freud explica el fenómeno, como la consecuencia de una equiparación inconsciente entre el éxito en la adultez y una supuesta victoria sobre el progenitor, en la niñez. El éxito real en la vida adulta, deberá ser luego sancionado como si se tratara de un crimen edípico, con su consecuente sentimiento de culpa[4, 5].

Hay una idea relacionada con: *esto es demasiado bueno para que me ocurra a mí... yo no tengo méritos ni virtudes, ni capacidades ni talento para estar en el lugar que estoy...*

"*¿cómo yo, el más incapaz, el más ignorante de todos, había logrado prepararme para dar esa clase...?*"[7]. La base del éxito consiste en haber superado la marca del padre ("*ir más allá del padre*", en términos freudianos), siendo esto algo vedado. A la vez que sentirse henchido de goce por haberlo superado. Hay algo amenazante en ver y conocer, y se derrumban cuando están a punto de acceder a ese conocimiento que se vuelve peligroso para ellos. A esto le sigue un intenso sentimiento de culpa; y como todo crimen tiene su castigo: Macbeth –tomado como símbolo– deberá pagar con su fracaso y su caída el haber franqueado lo infranqueable. Algo similar ocurre con Otelo, cuando se convierte en un héroe por derrotar a los turcos, es ascendido en su carrera militar por la cual ha bregado desde los 7 años y se casa con la mujer que lo ama y a quien ama, termina demoliendo todo: la ahorca a Desdémona -con quien no habían podido consumar sexualmente el matrimonio- y él tras matarla se quita la vida. El Moro de Venecia viniendo de un origen popular, nada aristocrático y, presumo, también marginado por el racismo

164

imperante en Venecia, no pudo tolerar haber llegado a tener tantos éxitos y de una manera ingenua se deja hechizar por el discurso malvado de Yago: -*El Moro es de naturaleza abierta y libre que juzga a un hombre honrado con sólo parecerlo*"

Algo que aún no llego a discernir bien es cuando un artista (escritor, actor, músico, pintor) luego de terminar su obra comienza a deprimirse. No sé si tiene que ver con el miedo al éxito o porque una vez que hizo su creación, esa obra no le pertenece sino al mundo, escapándose de sus manos. O porque siente que tiene que cargar la piedra como Sísifo y teme no poseer nada más para ofrecer: "*no tengo más artes para encantar y mi final será la desesperación*", nos dice Shakespeare en el final de "*La tempestad*". Como ejemplos recordemos que Virginia Wolf tenía alucinaciones y depresión, cada vez que terminaba una obra; Chopin desde su lecho de muerte pedía que le quemaran sus partituras, así como Kafka le pidió a su amigo Max Brod que quemara su obra. Contrasta la genialidad de ciertos artistas con un sentimiento tanático posterior a su creación (llámese Van Gogh, Rimbaud, Mozart, Tchaikovsky, Orson Welles, Dostoievsky o famosos actores, cantantes y músicos de rock: Judy Garland, Edith Piaff, James Dean, Philip Seymour Hoffman, Janis Joplin, Keith Moon, Jimmy Hendricks, Jim Morrison, Kurt Cobain).

"*Parecíame estar allende los límites de lo posible el que yo pudiera viajar tan lejos, que «llegara tan lejos», lo cual estaba relacionado con las limitaciones y la pobreza de mis condiciones de vida juveniles. No cabe duda de que mi anhelo de viajar expresaba también el deseo de escapar a esa opresión, a semejanza del impulso que lleva a tantos adolescentes a huir de sus hogares. Hacía tiempo había advertido que gran parte del placer de viajar radica en el cumplimiento de esos deseos tempranos, o sea, que arraiga en la insatisfacción con el hogar y la familia. La satisfacción de haber «llegado tan lejos» entraña seguramente un sentimiento de culpabilidad: hay en ello algo de malo, algo ancestralmente vedado. Se trata de algo vinculado con la crítica infantil contra el padre, con el menosprecio que sigue a la primera sobrevaloración infantil de su persona. Parecería que lo esencial del éxito consistiera en llegar más lejos que el propio padre y que tratar de superarlo fuese aún algo prohibido".*

"Carta a Romain Rolland", Sigmund Freud (1936)[4]

"Los que fracasan al triunfar"[5] pueden percibir al padre como muy violento y castigador, celoso del vínculo madre-hijo, mientras a la madre la sienten como posesiva y demandante de amor y obediencia. Al acceder al éxito, la imagen narcisística de sí mismos como triunfadores sobre la ley del padre, los colocan en una posición riesgosa, donde acecha la caída. El fracaso los exige e intimida menos que obtener los éxitos tan deseados.

"Seguí teniendo éxito en el colegio, sin embargo lo que esto me produjo no fue mayor confianza sino que, por el contrario, siempre estuve convencido –y tenía la prueba de ello en tu expresión severa, padre)- de que cuantas más cosas consiguiera hacer, peor sería inevitablemente el resultado final".

Franz Kafka, "La carta al padre"[7]

Termina diciendo Freud:*"la labor psicoanalítica enseña que las fuerzas de la conciencia moral que hacen enfermar a ciertos sujetos a causa del éxito, del mismo modo que la mayor parte enferma por la privación, se hallan enlazadas al complejo de Edipo, a la relación de un individuo con su padre y su madre, como tal vez hace nuestra conciencia en general"* [5].

¿Superar al padre en qué facetas?: ¿cómo generador de riquezas, de éxitos profesionales o artísticos, en la adquisición de cultura, en haber viajado y conocido más, en haber sido más famoso, en haberse casado y tenido hijos?

"De qué puede hablar este viejo que viajó poco y nada, que se mató trabajando y sólo logró una jubilación miserable y que necesita de mi ayuda. Que no sabe lo que es el mundo, que apenas debe haber leído dos libros en su vida y la única meta fue criar a sus hijos, darles un estudio y jugar con sus nietos", nos decía un paciente. *"Siempre que estoy por pegar el gran salto, me caigo en un pozo ciego"*, según sus palabras. Tal vez no veía que ese padre que él sentía como un fracasado, había tenido múltiples logros: si se *"mató"* trabajando por lo menos logró mandar a sus hijos a la universidad, que accedieron a un nivel cultural al que él

no pudo acceder, que les permitió formar parejas, tener hijos que a su vez tuvieron hijos y a él a disfrutar de sus nietos. Y que debería estar orgulloso de ese padre al cual el mejor homenaje que le podía hacer era lo que él denominaba *"pegar el gran salto"* y no caer *"en un pozo ciego"*.

No es algo indeseable identificarse con características paternas en la medida que éstas sean adaptativas, creativas, operativas. Como, por otro lado, habría que despegarse de un padre violento y golpeador, alcohólico o ludópata, que denigra y desprecia a sus hijos, que no los tiene en cuenta o, directamente, los abandona.

Creer que uno está destinado al fracaso cuando se está cerca de triunfar, sería una derrota ante ese superyó sádico cuya expectativa sería la defección del hijo ante el fantasma del padre. Salvador Dalí decía, influenciado por Freud: *"el que se rebela contra la autoridad paterna y la vence es un héroe"* [2, 3].

Apuntes para no fracasar

El paciente mantiene un cierto estado de equilibrio y recurre a la consulta cuando ve que los demás se casan y él no, cuando su pareja amenaza con dejarlo o hay ciertas presiones sociales y, por supuesto, por disfunciones sexuales. Este aspecto nuclear deberíamos tenerlo presente ya que el fóbico desea y teme al mismo tiempo, se asoma y huye, desea curarse pero teme que eso mismo ocurra, anhela la penetración o el orgasmo pero siente miedo ante lo que pueda pasarle.

Creo que uno de los posibles detonantes de deserción podría ser el *furor curandi* por parte de los terapeutas y un dejarse apurar por *"el enorme deseo de curarse"* que los fóbicos anuncian casi sistemáticamente en el comienzo de toda terapia. Un paciente, durante la primera entrevista psicoterapéutica, me planteó que deseaba concurrir cuatro veces por semana. Yo le contesté: *"con una sería suficiente"*. Luego confesaría que el mismo día que pidió la entrevista conmigo lo había hecho con otro terapeuta, para decidirse por el que *"mejor lo comprendiera"*.

167

Una etapa fundamental de todo tratamiento, sea psicoterapéutico o sexológico, sería el de crear una alianza de trabajo. En esta etapa de creación del vínculo terapéutico el fóbico nos irá probando para ver si somos amenazantes para su mundo, si seremos confiables. En este sentido, siempre nos someterá a una prueba, no dejará nada por escrutar: el encuadre, las condiciones del contrato, la personalidad y hasta el sexo del terapeuta. Es un paciente que viene pero no sabe si podrá seguir, no sabe si tendrá horas libres o dinero para pagar las sesiones o, más marcadamente, no sabe *"si se tiene que tratar"* porque a lo mejor la solución está *"en otro tipo de tratamiento"* (psicoanálisis, psicofármacos, cirugía, inyecciones hormonales, el urólogo, la homeopatía, el ginecólogo, la curandera o *"los chamanes"*).

Una variante en las terapias de este tipo de pacientes con miedo al éxito es que, ya próximos al alta de un tratamiento que tanto ellos como los profesionales valoran como satisfactorio, reaparecen los síntomas y sienten que han empeorado. En el otro polo es cuando al inicio del tratamiento, hacen una *fuga a la salud*: mejoran en las primeras sesiones y ya se dan el alta ellos mismos. Un rasgo típico es su tendencia hacia la huida (de las parejas, de la relación sexual, del matrimonio, de *formar una familia*, de su vocación, de su trabajo, de la vagina o el pene, de los tratamientos) [8].

Aunque también observamos como mecanismo contrafóbico una *"huida hacia adelante"*, donde para vencer la fobia arremete contra su dificultad: llaman pidiendo turno con un mes de anticipación y el día previo avisan que no podrán concurrir; cuando se les ofrece un nuevo turno contestan que *al día siguiente tienen que irse de viaje o de vacaciones y que, a la vuelta, llamarán*, hecho que no realizan. Otro tipo de paciente es el que viene a la consulta *"porque nunca consigue concretar sus logros"* y dice: *"nunca creí en las terapias pero ahora estoy decidido, así tenga que venir dos o tres veces por semana... esta vez es la definitiva, conocí una mujer en el trabajo y en unos meses me caso"* o *"es hora que me reciba y me anime a ejercer"*. Pero luego agrega que no podrá empezar el tratamiento aduciendo problemas económicos, laborales, familiares y "*falta de tiempo*", dejándole al terapeuta una vaga promesa de volver "*cuando solucione dichos problemas*".

Una paciente, que consultó por no poder consumar sexualmente su matrimonio –ya que padecía un severo vaginismo-, en la quinta sesión expresa que se siente más confiada y se plantea, por primera vez, la concurrencia a un ginecólogo para un control; en esa sesión del tratamiento pautado en diez sesiones, ella refiere: "*ahora entiendo lo que perdí por mis actitudes; por suerte sé que puedo cambiar y lograr lo que tanto anhelo: tener relaciones sexuales normales, embarazarme y dar a luz un hijo; siento que con la terapia voy a conseguirlo*". Tras estos enunciados deserta del tratamiento sin ningún tipo de aviso o explicación negando la posibilidad de analizar los aspectos intimidantes que tuvieran esos logros que ella decía querer alcanzar.

Veamos otros ejemplos:
• Arma un proyecto brillante y lo abandona justo cuando está por concretarlo:
"*la idea me parece original y redituable pero a mí no me resulta viable*" (esta sorprendente afirmación me hizo recordar a un productor de Hollywood que dijo: "*hoy me levanté con una idea genial en la cabeza... pero no me gustó*"). Luego se quejará cuando otro toma la posta y lo lleva a cabo, diciendo: "*este caradura me birló la idea*".

• Los están por ascender o los ascendieron y cometen un error gravísimo para que los suspendan o los echen., • Prepararon todo para la boda y una semana antes la posponen *sine die*, después dirán *que nunca tuvieron suerte* (volviendo a Kafka sabemos que, por lo menos, se comprometió tres veces –con distintas mujeres- y nunca pudo concretar su matrimonio: "*no soporto en mí la aparición del más mínimo bienestar duradero y hago trizas la cama matrimonial aun antes de haberla tendido... a ojos vista, soy espiritualmente incapaz de casarme.*

Se manifiesta en el hecho de que, desde el momento en que adoptó la decisión, ya no puedo dormir, la cabeza me arde día y noche, la vida ya no es vida, y desesperado, ando tambaleándome de un lado a otro"[6].

• Conoció una chica en un *pub* y estuvieron hablando toda la noche, ella antes de despedirse le da el teléfono; comienzan a salir, él refiere en la terapia: *"Me gusta mucho y nos llevamos muy bien pero ella quiere tener sexo, y yo lo evito; ya sé que me costó mucho lograr salir de mi aislamiento y conquistar a una chica, tengo miedo de que salga bien... digo mal, creo que será conveniente dejar de verla, ya vendrá otra mejor"* (palabras textuales del paciente, con acto fallido incluido).

• *"Tengo 41 años y jamás tuve relaciones sexuales ni me hicieron un examen ginecológico, lo pienso y ya me duele. Vengo a consultarlo porque conocí a un muchacho que vive en el exterior y no quiero perderlo, ahora estoy decidida a todo... pero no sé si podré hacer el*
tratamiento porque no tengo tiempo ni dinero" (!!).

• En lo sexual desean penetrar o ser penetradas y cuando lo van a concretar les duele la cabeza o la espalda, les da una crisis de llanto o no logran la erección justo cuando van a penetrar. Así aquello que es lo más deseado es también lo más temido.

• Comienzan a escribir un libro, a pintar un cuadro o a componer una pieza musical, y abandonan cuado les falta muy poco para terminar (recordemos que esto también les pasó, en varias oportunidades, a muchos grandes como Pessoa, Kafka, Leonardo, Schubert).

Se podrá, en ciertos casos, anticiparles la aparición de posibles resistencias: *"quizás Ud. en el curso del tratamiento sienta ganas de dejarlo"*...; *"es posible que presente serias negativas a venir aquí"*...; *"comprendo que hablar de su sexualidad y hacer tal o cual tarea no sea cosa fácil y tal vez no le convenga, por distintas razones, cambiar sus hábitos sexuales"; "quizás cuando esté cerca del alta sienta que ya no es necesario seguir con su terapia"* o enunciados similares.

Estas regulaciones que maneja el paciente para lograr una distancia óptima nos muestra a alguien que "está siempre viajando", en movilidad constante[8]. Nosotros, como terapeutas, debemos poder tolerar esas distancias y reconocer que estos pacientes que están con nosotros pero no, que trabajan en las entrevistas pero luego dicen no reconocer ese esfuerzo, que explicitan su alegría por estar cerca del alta pero luego desaparecen, nos podrían exponer a frustraciones y a consecuentes sentimientos agresivos hacia ellos.

No debemos perder de vista que un tratamiento se va dando como algo procesal y no puntual, con retrocesos, estancamientos y avances, teniendo en cuenta el conjunto de esos movimientos que ascienden en un encadenamiento de progresiones y regresiones [8].

Como cierre recordemos la obra de Gógol, *"El casamiento"* 10 (otros la traducen como *"El matrimonio"*), donde un solterón fóbico, ya con más de 40 años, se da ánimos para casarse, y le agradece a Dios porque le reveló el amor –al encontrar una novia a través de los servicios de una alcahueta (celestina)- y se dice a sí mismo que ahora tendrá una mujer para toda la vida, hará el amor todos los días, tendrá hijos que entrarán a su estudio revolviendo su triste escritorio. Pero, justamente, son esas las cosas que él teme: la convivencia obligada –una especie de condena- con la misma mujer que lo irá a dominar como su madre hizo antes con él; la autoexigencia de que, en la vida marital, tendrá que lograr la erección y mantener relaciones sexuales todos los días; que los hijos transformarán su ordenada y estructurada vida en un verdadero calvario. En vez de reflexionar sobre sus miedos, avanzar despacio y paulatinamente, toma una actitud compulsiva y se lanza ciegamente al infierno que para él representa el matrimonio, fijando la fecha de la boda de una manera apresurada. Pero ese día, aterrado, esperando en la casa de la novia, vuelve a enumerar las desventajas del matrimonio: entonces se escapa por la ventana de la habitación contigua a la que están vistiendo a la ilusionada joven. Cuando ésta sale con la celestina y no ve al personaje, pregunta por el novio a una mucama, quien le responde:

-Saltó a la calle por la ventana.

-¡Esto es absurdo! ¡No puede ser! ¿Volverá?... ¡Correré a su casa, lo obligaré a volver!- dice la novia.

-¡Sí, corre, hazlo volver! No sabes cómo son estas cosas. Todavía si el novio se hubiese escapado por la puerta, vaya y pase, pero cuando ha saltado por la ventana... ¡Ya no vuelve ni por casualidad!10 -le responde la casamentera, sin dudar.

En este caso, como en otros similares de los que fracasan cuando están cerca de llegar a la meta, bien les hubiera sido útil recordar el concepto de la frase inicial de este artículo:

-"Cuidado con lo que deseas" pues puede convertirse en la realidad que temes; reflexiona antes de actuar, pon en palabras tus temores antes de que realices un movimiento de huída y de fracaso que te impida concretar tus deseos.

Bibliografía

1. Bloom, H.: Shakespeare: la invención de lo humano. Editorial Norma, Bogotá, 2001.
2. Dalí, S., Parinaud, A: Confesiones inconfesables. Editorial Planeta, Barcelona, 1977.
3. Dalí, S.: Diario de un genio. Círculo de lectores, Barcelona, 1989.
4. Freud, S.: "Los que fracasan cuando triunfan", en Obras completas, Vol. 14. y "Una perturbación del recuerdo en la Acrópolis", Vol. 22. Amorrortu Editores, Bs. As., 1976.
5. Freud, S.: "Los que fracasan al triunfar", en Obras completas, Vol. II. Editorial Biblioteca Nueva, Madrid, 1948.
6. Kafka, F.: Diarios. Marymar Ediciones, Bs. As., 1977.
7. Kafka, F.: Carta al padre. Ediciones Lea, Bs. As., 2012.
8. Sapetti, A.: Los senderos masculinos del placer. Editorial Galerna, 2006.
9. Shakespeare, W.: "La tragedia de Macbeth", en Obras completas, Vol. II. Aguilar Editor, México, 1991.
10. Gógol, N.: El casamiento. Ediciones Alba, Barcelona, 2010.

APLICACIÓN DEL TÁNTRA EN TERAPIA SEXUAL

Vicente Gascón García
Psicólogo
especialista en sexología
vicentegasgar@gmail.com

1. SEXUALIDAD Y TANTRA, FINALIDAD Y FILOSOFÍA

Con frecuencia he observado que los procedimientos habituales de tratar las disfunciones sexuales se convierten en una serie de técnicas y ejercicios demasiado sistematizados y que no profundizan realmente en los problemas subyacentes, he realizado esta recopilación de textos extraídos de varios libros, gran parte de ellos fundamentados en las enseñanzas tántricas y taoístas. Tanto las enseñanzas tántricas como las taoístas presentan una iluminada concepción de la sexualidad que supondría una gran contribución para la cultura occidental. Tal actitud no sólo exige reconsiderar nuestra actitud con respecto al sexo, sino que ofrece un sistema práctico y evolutivo de vida, donde la sexualidad adquiere una finalidad espiritual.

Las tradiciones orientales siempre han mirado la sexualidad como una forma del arte que merece respeto. En lugar de considerarla un tabú, con todas sus consecuencias negativas, el Oriente veía en este acto tan natural un acontecimiento propicio, venerable e incluso afortunado. En estas concepciones de la sexualidad, las parejas encontrarán un vehículo ideal para llegar a la verdadera igualdad entre el hombre y la mujer. Libres de la

173

frustración sexual, de las inhibiciones y sentimientos de culpa, las parejas se sienten cada vez más cerca el uno del otro, en lugar de separarse.

Tanto el Tantra como el taoísmo enseñan que las actitudes y prácticas sexuales incorrectas son la causa oculta de problemas tanto psicológicos, como físicos y espirituales. La sexualidad orientada de modo positivo ofrece el método más directo y armonioso para resolver dichos problemas. Cuando armonizamos nuestra sexualidad con nuestra espiritualidad natural, se abre ante nosotros toda una nueva dimensión de la realidad.

No se precisa abandonar los conocimientos psicológicos y sexológicos habituales para utilizar los métodos tántricos, ya que muchos de ellos ya están presentes en muchos de los procedimientos que utilizamos o en los fundamentos de muchas orientaciones psicológicas, si bien hay que constatar que las doctrinas tántricas tienen una antigüedad de más de cinco mil años. Estas formas de concebir la sexualidad, forman parte de todas las religiones importantes, aunque muchas de sus enseñanzas han sido oscurecidas o se han perdido. Sólo el Tantra y el taoísmo los conservaron intactos. Tampoco hay que tomarse estos conceptos como un dogma, sino como una colección de verdades que han resistido a la prueba del tiempo.

El tantra valora positivamente el placer sexual, pero no como objetivo último del sexo, sino como medio para llegar a comprender profundamente la naturaleza divina de la existencia, compendiada en el acto sexual; la sexualidad así entendida, es un viaje corporal, mental y espiritual que permite descubrir un reino trascendental de placer. Considera que en el acto sexual se alcanza una conciencia trascendental mediante la fusión de las dualidades en un estado de unión perfecto. Cuando se está en equilibrio, la armonía y la estabilidad surgen de forma espontánea, las dualidades se pueden disolver en una unidad dichosa. Según el tantra, la salud y la felicidad solamente se consiguen cuando se está en armonía con uno mismo y con el mundo exterior.

Pero, el tantra es más que sexualidad, es una forma de entender la vida; se pueden aplicar los elementos de la actitud tántrica (valoración de uno mismo, espontaneidad, placer y relajación) a toda nuestra vida. Se puede extender la sensualidad y la vitalidad de la sexualidad, no solo a la pareja, sino a toda la familia, al entorno de trabajo, a todo lo que nos rodea. Se trata de pasar gradualmente hacia un estilo de vida que nos proporcione placer y alegría en todas sus dimensiones. No solo se transforma la vida amorosa, sino toda la vida en general. Pudiendo incluso, trabajar de forma más creativa, disfrutando más con nuestro trabajo y en un entorno agradable. La actitud tántrica implica sinceridad, más intimidad y franqueza, por lo que podemos inducir un cambio en las personas más inmediatas a nosotros haciéndoles mostrarse más alegres, confiados y relajados.

Con los planteamientos tántricos se aprende el secreto de crear momentos especiales dedicados al goce de la sexualidad, además de ir añadiendo otros momentos especiales en la vida diaria, espacios de tiempo que nos harán disfrutar: una pausa en las actividades cotidianas, un paseo al aire libre, un periodo de meditación, una comida especial; es algo que te acompaña allá donde vayas. A través las técnicas de meditación tántricas puedes moverte y respirar de forma que estimules los canales de energía, y esto te servirá para evitar situaciones de tensión innecesaria.

La sexualidad así entendida, convierte el acto amoroso en una experiencia vivida instante a instante; sin obsesionarse en la búsqueda del orgasmo como objetivo último y en su lugar, alcanzar una sensación gozosa de unidad con la persona amada. Así, estar tumbados juntos en unidad, con la respiración sincronizada, mirándoos a los ojos y sin hablar durante quince minutos forma parte de la sexualidad tántrica. También puedes hacer el amor durante horas, parando y recomenzando el acto amoroso prolongado, de esta forma se creará y canalizará la energía orgásmica. Para esto se requiere paciencia, amor, humor, el deseo mutuo de experimentar y cambiar de hábitos y el anhelo de que la relación sexual tenga una dimensión espiritual. La sexualidad tántrica no persigue objetivos, se centra en el momento presente de unión perfecta y armoniosa, venerando al compañero y transformando el acto sexual en un sacramento del amor.

En el tantrismo, el cuero físico es el templo del alma, dentro de este templo se encuentran todos los elementos: espacio, aire, fuego, agua y tierra. Un templo es un lugar de culto al servicio de Dios, y este Dios, según el tantra, es nuestra alma o ser más elevado. Por lo que nuestro templo corporal requiere de cuidado y atención, manteniéndolo sano y en armonía, y esto mismo en relación al cuerpo de la pareja y en general al de todo ser, debido al respeto que nos merece la divinidad que vive en su interior.

Decimos que "el corazón gobierna la cabeza" cuando alguien parece haber perdido todo sentido común y es presa de sus emociones; o bien, se dice que "la cabeza gobierna el corazón" cuando la mente es calculadora e insensible a los sentimientos humanos. En ambos caso, un centro predomina sobre el otro, y es esta dicotomía la que produce una ruptura de la intimidad en las relaciones. Por lo que debemos emplear todos nuestros dones de la mente, el cuerpo, la cabeza y el corazón para lograr la liberación; consagrando todas las partes de nuestro ser a un propósito elevado, las integramos en un todo.

Para vencer las limitaciones que nos han generados los patrones culturales y morales adquiridos, hemos de liberarlos de los hábitos en el campo de la sexualidad, ya que los hábitos sexuales son los más restrictivos. Heredados de nuestros padres o adquiridos a través del condicionamiento social, estos hábitos restringen todo nuestro modo de vida, proporcionándonos insidiosamente una falsa sensación de seguridad. Cuando vencemos el miedo inicial al cambio, podemos verdaderamente empezar a disfrutar las nuevas experiencias.

Aniquilando el sexo, aniquilarás la energía que crece en el amor. Sin amor no hay divinidad, ni liberación, ni libertad. Aborda el acto sexual como si entrases en un templo divino, como si fuera una plegaria o una meditación, siente lo sagrado que ello contiene. En el acto sexual tántrico no hay cabida para el egoísmo de ninguno de los dos miembros de la pareja. En particular, el hombre debe participar en el amor con su sensualidad y sensibilidad para que la mujer pueda alcanzar la cima del placer sexual y venerar la feminidad en su totalidad.

Si aceptas el sexo con naturalidad, sin ninguna ideología, sin ninguna filosofía a favor o en contra, si aceptas el sexo como algo natural, entonces te será de gran ayuda. La energía sexual no es maligna ni nociva, toda energía es neutra, puede ser utilizada contra ti o a tu favor. De la forma en que se utiliza comúnmente (como desahogo, como obsesión, como forma de dominación,…), entonces el acto sexual no es un acto amoroso, no te quedas realmente satisfecho, pero tampoco puedes prescindir de él y se convierte en dañino:

Es por esto que los principales trastornos humanos están relacionado con el sexo.

A través de la aceptación te vuelves uno, no a través de la lucha; acepta el mundo, el cuerpo y todo lo que es inherente a él. No crees un ego, simplemente sé consciente de lo que eres. Si no luchas no hay posibilidad para el ego, solamente hay indulgencia. Si estás enojado, el tantra no te dirá que no lo estés, te dirá que te enfades de todo corazón, pero sé consciente. Sé consciente y enójate, si eres consciente, la ira se transforma y se vuelve compasión. No luches, sé amigable con todas las energías que te han sido dadas; recíbelas amistosamente. Un mundo sano es, donde todo el mundo viva su individualidad, su vida, auténticamente, sin imitar a los demás, viviendo de acuerdo consigo mismos.

2. EL AMBIENTE PARA LA SEXUALIDAD TÁNTRICA

Probablemente muchos habrán vivido la experiencia del lugar especial: un romántico restaurante a media luz, una playa aislada, una suite de un hotel o algún otro tipo de espacio.

Estos espacios nos protegen del revuelo exterior, nos eleva y nos aleja de la realidad cotidiana. Proporciona una sensación de tranquilidad y armonía y constituye el entorno adecuado para momentos muy especiales.

Para mejorar la comunicación íntima con la pareja en el sexo es preciso disponer de un refugio especial dedicado al juego amoroso como una forma de arte. Para ello puedes transformar un espacio cotidiano. Prescindiendo del televisor, del sonido del teléfono o del despertador. En el exterior, no debe haber niños que llamen a la puerta, que se produzcan ruidos o estridencias. No se debes tener la sensación de hacer el amor deprisa y corriendo.

Preparad juntos un espacio adecuado y llenadlo de objetos sensuales. Si siempre utilizáis el mismo entorno, iréis construyendo con el tiempo una atmósfera idónea y adecuada para vuestras relaciones. Se puede crear un espacio alrededor de una cama o transformar puntualmente la sala de estar. Puedes decorar el entorno con tapices, pinturas o fotografías que le dieran un aire místico, romántico o estético y os lo haga especialmente atractivo.

Podéis encender velas e incienso, o colocad una flor aromática, campanillas y objetos artísticos o con significado especial. Así, cuando hayáis creado un ambiente sencillo y tranquilo para la sensualidad y elaborado para hacer el amor, todos los encuentros que realicéis en él serán favorables y tendrán un profundo significado para los dos. El tantra te ayuda a descubrir que el mundo externo de objetos y hechos de tu esfera interna de ideas y sentimientos mantienen una relación mutua constante e interdependiente. Gracias a un entorno armonioso puedes alcanzar un estado interior de tranquilidad y equilibrio. Además, la estimulación simultánea de los sentidos, a través del color, el sonido, la textura, el ritmo, las formas y los objetos, os inspirará para centrar todo el entusiasmo y creatividad en el arte de aprender a practicar sexo.

Busca objetos naturales que se puedan convertir en elementos simbólicos de importancia para ti y tu pareja y colócalos en vuestro espacio cuando realicéis vuestras prácticas sexuales. La forma erótica y sugerente de un pedazo de madera, de una concha o de una piedra puede simbolizar para vosotros los principios sagrados del lingam (pene) y yoni (vagina).

178

Cread vuestro entrono pensando en tomar una mayor conciencia de vuestra forma de pensar, sentir y actuar, por tanto no debe preocupaos que os parezca algo extraño. Hacerlo por el puro placer de hacerlo y experimentareis cómo os transforma el entorno y el estado de ánimo. El ambiente determina el humor y debe ser placentero a los sentidos, al igual que a la mente.

Se puede preparar la comida y el vino y colocarlos en recipientes especiales y dar de comer bocados a la pareja como gesto de reconocimiento de la parte divina de cada uno.

Saborear los olores, las texturas y los sabores de la fruta por sus cualidades sensuales y honrar su aspecto erótico, que simboliza la fecundidad de la naturaleza.

Los cinco sentidos son los «instrumentos» de los amantes; por consiguiente, debemos aprender a jugar con ellos diestra y finamente. El sexto sentido, la mente, es el agente de contacto; es el más discriminativo de los sentidos y, con mucho, el más sensible. Un buen ambiente libera a la mente para que ésta entre en comunicación con todos los otros sentidos.

La sexualidad, de acuerdo con el tantra, implica una acción consciente y una responsabilidad compartida si queremos que tenga sentido física y espiritualmente. El ritual es uno de los ingredientes más importantes del modo de vida tántrico. El objetivo es ayudarte a dotar de un significado especial a cada acto para que, haciéndolo, transformes tanto el acto como a ti mismo. Los rituales animan a tomar la determinación de ser más sensible, conscientes y afectuosos con respecto a la pareja y a la totalidad de la existencia. Al celebrar cualquier ritual, siempre hay que permitirse ser espontáneo e imaginativo, aunque manteniéndose atento de forma intuitiva, consciente de la propia respiración y concentrado en el objetivo espiritual del ritual.

Actividades tan básicas como comer, beber, caminar y dormir pueden empaparse del espíritu del culto realizándolas simplemente de manera consciente y con discriminación.

Toda actividad humana puede beneficie a través del contacto con el espíritu del culto.

3. ACEPTACIÓN Y VALORACIÓN POSITIVA DE LOS CUERPOS

La imagen corporal es la percepción más inmediata que los demás tienen de nosotros, por este motivo, las personas manipulan su aspecto físico, modificando su morfología corporal o seleccionando su vestuario y complementos, en vistas a lograr la aceptación e identificación con las personas que nos interesan y desviarnos de aquellas que rechazamos.

La percepción del cuerpo comienza desde el nacimiento y se va desarrollando según se adquiere la coordinación muscular, probablemente en esta etapa y durante la pubertad se originan gran parte de los trastornos de la imagen corporal e influyendo sobre la futura conducta sexual.

La excesiva preocupación por la imagen corporal lleva a muchas mujeres y hombres a sopesar su éxito de pareja con los cánones de belleza, lo que las conduce a seguir severos regímenes alimenticios y ponerse al borde de la anorexia. La angustia de inseguridad relacionada con el aspecto físico es la que más desordena la vida sexual; pero no existe ninguna configuración corporal, por desfavorable que sea, que no pueda compensarse mediante habilidades de tipo social, como la vivacidad, el humor y la consideración.

Las personas con discapacidades más o menos evidentes pueden sentirse diferentes, y pensar que los demás también lo crean así, sintiéndose desplazados; pues se ven muy distintos de los modelos físicos que nos ofrecen los medios de comunicación. Sea cual sea la condición física del cuerpo, sea cual sea la discapacidad, las sensaciones y sueños que experimenta son exactamente iguales a los del resto de las personas. Han de ser capaces de mantener una vida social agradable y poder enfrentarse a los problemas concretos que le pueda ocasionar su discapacidad. No ha de asumir que se verá rechazado por culpa de su cuerpo, han de saber que hay muchas personas que le valorarán como persona y aceptarán su discapacidad como algo normal. Los juicios negativos y las comparaciones deterioran el amor propio y la capacidad de amar y ser amado. Aprende a aceptar tu cuerpo como algo único.

La belleza viene del espíritu, es el espíritu el que "viste" al cuerpo y no la ropa que le añadimos. El cuerpo es nuestro templo, la morada de una divinidad singular: nosotros mismos. Como responsables de este templo, le rendimos homenaje y mantenemos alto su espíritu procurando que esté limpio y sano, a fin de que pueda albergar la divinidad que habita en su interior.

Aceptar nuestro cuerpo. Conocer el lenguaje de la piel y las caricias van a ser puntos clave en la satisfacción sexual. En este sentido, la imaginación es fundamental. Puede ayudarnos a disfrutar mucho más. La imagen que desarrollamos de nuestro propio cuerpo tiene que ver con la infancia, con el sentirse amado, con el contacto piel a piel, con el aroma de la madre al sentirse acariciado.

Hay personas condicionadas desde los primeros aprendizajes, que desconectan cuando sienten algo agradable, y automáticamente se ponen tensos. Cuando negamos una sensación, esa zona del cuerpo se pone rígida o tensa. Así, la pelvis se retrae cuando tensamos los músculos anales para reprimir la rabia. También hay personas que contraen los músculos genitales para reprimir las sensaciones sexuales. Es como si fabricaran un corsé para protegerse y no sentir. Si tensamos nuestro cuerpo, vamos suprimiendo las sensaciones vitales de deseo, de excitación y de placer.

Si durante la infancia te han protegido, abrazado, acariciado, consigues una imagen corporal sana. Sin embargo, esta vitalidad natural poco a poco se va limitando. La tendencia natural a responder positivamente al cuerpo y a la vida queda frenada por los condicionamientos negativos de la sociedad: "No toques esto"; "No hagas esto"; "¡No te toques aquí abajo!".

Por todo esto, acabas creyendo que tu instinto natural está equivocado, es peligroso, y vas suprimiendo las sensaciones vitales de deseo, atracción, excitación y aventura. Cuando aparece la tensión y te repliegas para evitar ser herido, el fluido de la energía se interrumpe.

181

Quizás no experimentes el dolor pero tampoco experimentas el placer. Esta tensión se puede producir en cualquier parte del cuerpo y siempre afecta a la sexualidad.

Las personas que se hallan en estado de tensión angustiosa, suelen sufrir de alguna clase de represión ante la expresión de sentimientos sexuales, y utilizan toda su energía en la descomposición de sus funciones fisiológicas y en la desconexión de sus reacciones humanas. La tensión es una respuesta del organismo para no sentir, pero tenemos que entender que a través de estas respuestas, el placer no lo vamos a experimentar y cerramos nuestro cuerpo hacia la sexualidad. Respirar conscientemente nos va a ayudar a conectar con las sensaciones físicas y a incrementar el placer.

Si modificamos nuestra postura a una posición recta y relajada, se modifica la autoestima además de mejorar nuestra salud física y los demás nos perciben de un modo más positivo. La apariencia física es sólo uno de los factores que atrae a una persona a otra.

Una persona que acepta y se siente bien con su cuerpo parecerá más agradable y atractiva a los demás.

Para llevar una vida sexual sana, hemos de empezar por liberarnos del agarrotamiento cultural al que nos han habituado, que nos impide relajarnos y disfrutar de nuestras sensaciones.

Necesitamos aceptar por completo todo nuestro cuerpo como fuente de placer y no como fuente de culpabilidad y represiones moralizantes.

Puedes convertir actos rutinarios de tu vida cotidiana, como ducharse o date cremas, en rituales dedicados a venerar y respetar tu cuerpo. Visualiza cómo el agua limpia las impurezas tanto externas como internas. Al reverenciar tu cuerpo mediante la estimulación continuada y afectuosa te reforzarás y tendrás más confianza en ti mismo. Tocarse sirve para conocer mejor el propio cuerpo y ser cada vez más consciente de sus sensaciones sutiles: su energía interna, sus vibraciones y pulsaciones.

4. EJERCITACIÓN FÍSICA

La construcción de los templos de la india perseguía reproducir de forma simbólica la estructura del cuerpo humano. A las distintas zonas del templo correspondían nombres de partes del cuerpo. Del mismo modo, los sabios indios se referían al cuerpo humano como el "templo del espíritu". Aprende a respetar el propio cuerpo y a fortalecerlo mediante ejercicios de estiramientos o posturas de hatha yoga, conocidas como asanas. Estos ejercicios aportarán estabilidad y flexibilidad al cuerpo, en especial a las zonas que afectan a la vitalidad sexual.

Aunque no hace falta conseguir músculos voluminosos o curvas perfiladas, es importante alcanzar una forma física óptima a través de una dieta saludable, el ejercicio físico, la respiración profunda y la relajación. Se requiere tener un cuerpo ágil y maleable, capaz de moverse con facilidad y sin molestia en el juego amoroso. Además de la forma física, hemos de ser conscientes de que nuestro cuerpo es nuestro amigo. Ello significa aceptarlo tal como es, no como podría ser o como sería, en caso de mejorarlo.

El yoga no es una religión, ni una técnica gimnástica o una filosofía, sino una disciplina que ordena el cuerpo y la mente, lo mismo que el Taichi es algo más que un arte marcial, ya que se considera un sistema de defensa personal, que proporciona seguridad, pero potencia también la relajación y la concentración.

El significado de la palabra «Yoga» es «unir», «hacer la unión». Dentro de la tradición tántrica, la unión sexual es considerada la forma más alta del Yoga. Cuando se practica el Yoga a solas, tiene lugar un «matrimonio» interior entre las diferentes partes complementarias del cuerpo, tales como las energías vitales superiores e inferiores, las vitalidades solares y lunares, la cabeza y el corazón. El Yoga es la práctica de la trascendencia de la dualidad mediante la acción consciente; tiene lugar tanto a nivel físico como metafísico.

Las posturas del yoga no sólo sirven como apoyo físico para lograr practicar posturas sexuales, sino también como medio de unificación de cuerpo y espíritu y de armonización y

183

canalización de la energía sexual. Es de suma importancia tener equilibrio y fluidez de movimientos para que la energía sexual pase de forma espontánea y placentera por todo el cuerpo de uno a otro miembro de la pareja.

Muchas posturas tántricas requieren una gran flexibilidad y potencia en la mitad inferior del cuerpo. Trabaja esa zona para aumentar el sentido personal de integración corporal completa al hacer el amor. La mitad inferior del cuerpo es la raíz que nos conecta con la tierra. La tonificación aumenta la vitalidad de los músculos de las piernas e intensifica la acumulación y la descarga de energía orgásmica por todo el cuerpo.

La energía orgásmica recorre como una oleada el cuerpo si no se lo impiden tensiones físicas o emocionales. Relajar músculos muy contraídos mediante estiramiento y posturas de yoga permite descargar zonas como la pelvis o la columna vertebral, que son vitales para la expresión de la sexualidad. Estos ejercicios ayudan a mantener la flexibilidad de la columna.

La mujer puede utilizar los músculos de las nalgas para conseguir efectos eróticos. Si contrae y relaja las paredes vaginales para acoger y presionar el pene de su compañero, conseguirá aumentar sensiblemente el placer sexual de ambos, de igual modo que si se levanta sin dejar de estrechar seductoramente el pene de su pareja. Cuando el hombre controla los músculos de las nalgas, si utiliza la respiración y las técnicas para alejar la energía sexual de la zona genital, prolonga el acto e intensifica la potencia de la descarga orgásmica cuando finalmente se produce.

5. COMUNICACIÓN EN LA PAREJA

Hemos de comunicarnos de manera profunda a nivel verbal, ya que de no ser así, los problemas que no hayan salido a flote nos mantendrán en tensión y seremos incapaces de confiarnos mutuamente de forma global. Al esconder algo reforzamos los sentimientos negativos y al compartir todas las sensaciones en un ambiente de sinceridad y confianza les restamos vigor. Al acercarnos a alguien que expresa con la máxima confianza sentimientos profundos, acumulamos una energía que se va desarrollando como un vínculo de veracidad entre ambos.

El proceso de exponer y compartir los sentimientos negativos ofrece una gran oportunidad para ampliar las posibilidades del acto amoroso y a la vez las de la relación con el amante a nivel global. Dedicar tiempo a hablar sincera y claramente de vuestros sentimientos, esperanzas y miedos relativos a la sexualidad. Cuando hable tu pareja, escucha atentamente sin interrumpir. Respeta la vulnerabilidad de tu pareja.

Hay parejas que no comprenden por qué ya no experimentan una atracción sexual mutua aun cuando se aman, y es porque a lo largo del tiempo se les han ido acumulando los resentimientos encubiertos. Cuando se acercan el uno al otro, se sienten emocionalmente asfixiados y a consecuencia de ello, desmotivados. Les aterroriza expresar la verdad sobre sus sentimientos, ya que temen que con ello puedan herir al otro o dañar su relación.

La mente constituye la máxima resistencia para la entrega sexual. A menudo las personas no consiguen entregarse sexualmente a causa de la interferencia de las instrucciones mentales.

Uno de los profundos anhelos que sentimos cuando nos relacionamos con otra persona es el deseo de intimidad. Entendemos por intimidad la proximidad, el congeniar, el sintonizar, todo lo que nos permite explorar y compartir cada vez más los sutiles niveles del sentimiento. Muchos creen que la relación sexual es la forma más rápida de abrir la puerta a la intimidad y se sienten frustrados cuando esto no ocurre. Ya que es la intimidad la que abre la puerta al juego amoroso sano.

La intimidad no significa enamorarse en el sentido de quedar prendado de forma romántica, sino de alimentar el amor por medio de la comprensión que hará que nosotros y nuestra pareja nos abramos y avancemos juntos. Y, comprende los siguientes aspectos:

Comportarse de forma natural, ingenua, juntos, jugueteando, haciéndose cosquillas como niños. Sentirse seguros para mostrar los puntos débiles, sabiendo que tu pareja responderá con ternura y cariño y no con actitud crítica.

Si sabes dar un masaje a tu pareja cuando se siente cansada, si has encontrado la forma de animarle cuando se siente deprimida, o si le has contado la verdad sobre vuestros sentimientos de una forma solidaria, ya has puesto la primera piedra para aumentar la intimidad entre los dos.

Pero puedes aumentarla a través de la aproximación sensual, en la aproximación seductora, la aproximación solidaria y la aproximación espiritual. Mantenerse centrados en el máximo resultado. Observándolos de cerca, conscientes de vuestros sentimientos, deseos y respuestas en todo momento y en cualquier situación, poniendo una gran atención en lo que realmente sentís, para poder buscar soluciones inmediatas. Y, cultivar una actitud abierta respecto a los aspectos inverosímiles del sexo, así aprenderéis a estar relajados y a la vez, avanzar más allá de vuestros propios límites, a concentraos en el momento presente y al mismo tiempo avanzar hacia un objetivo.

La actitud de un hombre hacia las mujeres es un reflejo directo de su actitud hacia la vida. Por consiguiente, el hombre siempre debe cuidar de honrar el principio femenino de su compañera, de las otras mujeres y de sí mismo. De igual manera, la mujer debe reconocer en ella misma las cualidades de la Diosa Shakti y tratar de encarnarlas. También debe intentar relacionarse con la «mujer interior» de su compañero, a fin de complacer los dos aspectos del unido Poder Creativo o Shakti.

Aprende a ampliar tu yo masculino o femenino, asumiendo los aspectos masculinos o femeninos de tu personalidad, aceptándolos, explorándolos con tu pareja y expresándolos al hacer el amor. Para llevar adelante una relación feliz entre hombre y mujer, hay que conseguir un equilibrio entre la parte masculina y la femenina inherentes a nuestra naturaleza. Cada uno posee en un interior masculino que va ligado a la energía dinámica, activa; a establecer y conseguir objetivos y a lograr realizaciones. Este es el aspecto yang de nuestra naturaleza, el yo comprometido, no contemplativo. Y así mismo, poseemos un interior femenino, la capacidad de dejar que las cosas ocurran, de dejarnos llevar sin establecer metas, para relajarnos y ser lúdicos. Es el lado yin de nuestra naturaleza, el yo comunicativo e intuitivo. Esta bipolaridad de nuestra naturaleza viene corroborada por la coexistencia de hormonas masculinas y femeninas en cada hombre y en cada mujer.

En una relación amorosa, cuando se desarrollan y comprenden estas cualidades femeninas y masculinas, se produce en el interior de cada persona la unión de las dos polaridades, generando la "conciencia de éxtasis", un estado consciente que abarca ambos sexo en un cuerpo y los eleva por encima de la dualidad interna a un estado de unidad.

6. EL TACTO ERÓTICO

Un contacto amoroso puede rejuvenecer, hacerte sentir bienestar, disminuir la tensión y mejorar tu sistema inmunológico. Experimentar las sensaciones táctiles, tocaos el uno al otro como si fuera la primera vez, Déjalos llevar totalmente por las sensaciones táctiles del cabello, la piel, los huesos, los contornos e incluso la temperatura y la textura corporales.

El miembro pasivo de la pareja se concentra solamente en la experiencia del tacto del otro.

A través del masaje podemos expresar amor y compasión, demostrar nuestra sensibilidad y conciencia. Con su práctica puedes descubrir el placer de dar sin exigencias ni expectativas. Al honrar a tu pareja con tu tacto, ambos ganaréis equilibrio en mente, cuerpo y espíritu.

Al igual que al hacer el amor, todo masaje tiene que ser recíproco (no necesariamente simultáneo), con turnos para dar y recibir. El masaje curativo y de relajación es una actividad valiosa y placentera en extremo para compartir con tu pareja, y puede volverse parte integral de vuestra relación. Como medio de juego amoroso, ayuda a limpiar el cuerpo de tensiones acumuladas, al

187

mismo tiempo que os afina y os lleva al estado de relajación necesaria para hacer el amor.

El masaje suave pero firme de las manos y los pies con golpes ligeros, caricias, cosquillas o con la presión de los dedos, posee un efecto calmante y benéfico sobre el individuo.

Los bloqueos y contracciones internas pueden eliminarse aplicando masaje a las manos y los pies con gran concentración. La persona tratada debe permanecer abierta y relajada, e informar a la otra de cualquier dolor que produzca la presión en un lugar determinado.

El dolor indica la existencia de un desequilibrio, presión o desorden en el órgano o zona interna que corresponde al punto de la mano o del pie en cuestión.

Un masaje general es uno de los mejores tónicos; también es una excelente manera de sintonizar con el cuerpo del amante y de conocer las peculiaridades de sus zonas erógenas.

Es recomendable indicar con sonidos inarticulados los lugares donde el masaje produce una sensación agradable, en lugar de hacerlo con palabras, ya que una indicación como «un poco más abajo, a la izquierda», puede debilitar el efecto erótico. Con el tiempo se desarrolla un código personal de sonidos y movimientos y, además, una relación intuitiva.

Pero la afirmación es importante tanto para el o la amante como para el o la masajista. En la intimidad, el masaje no depende de reglas o técnicas prescritas. La habilidad es en buena parte intuitiva y surge espontáneamente, siempre y cuando prevalezca un sentimiento de confianza.

Considera que el masaje es un ritual. Empieza por la cabeza, los pies o la columna vertebral, y repite mentalmente tu intención de eliminar todos los obstáculos o bloqueos de tu pareja, vigorizando y cargando tu cuerpo con energía positiva. Trata de armonizar tu respiración y utiliza el control de la respiración para aumentar tu concentración. Existe un secreto especial en el masaje creativo, consiste en que la persona que aplica el masaje canaliza hacia fuera energía de todo su cuerpo a través de las manos. Haz subir conscientemente esta energía a través del cuerpo y visualiza cómo es emitida a través de las yemas de los dedos.

Durante un masaje tántrico, las manos entran en contacto con los niveles físico, emocional y espiritual de tu pareja; fúndete mediante el contacto táctil con su energía como si penetraras en su interior. Aunque es conveniente aprender diversos movimientos de masaje, es más importante la sensación de ternura y cariño que transmiten las manos. Confía en tu intuición, que te indicará dónde y cómo tocar a tu pareja. Acércate a su cuerpo con

sensibilidad y extiende el aceite con movimientos circulares y fluidos.

La totalidad del cuerpo responde a la estimulación sexual, no obstante, cada persona es única y el contacto físico y un prolongado juego previo a la penetración son los únicos

medios para descubrir las zonas más erógenas de tu pareja y averiguar qué tipo de caricias le proporciona más placer. Venera a tu pareja de pies a cabeza y tómate tu tiempo para despertar todo el erotismo de su cuerpo. Honra el cuerpo de tu pareja como altar del amor.

7. LA FUSIÓN DE LOS CUERPOS: GOCE SEXUAL

Durante los rituales tántricos tradicionales, antes de que una pareja se uniera en el acto amoroso, el hombre realizaba un acto de adoración del cuerpo de su compañera. Mientras recitaba un mantra de profunda veneración iba tocándole todo el cuerpo, empezando por el pie derecho y subiendo hasta la cabeza para descender luego hasta el pie izquierdo. Con ello, el hombre reconocía la divinidad que residía en la mujer, encarnación de la diosa Shakti. Imita ese ritual y venera todo el cuerpo de tu pareja; acaricia cada centímetro de su piel con las manos, los labios y la lengua. Nunca precipites la penetración, ve despertando lentamente todo el erotismo del cuerpo. Así empezaréis a armonizar no sólo vuestras respuestas físicas, sino también vuestros corazones, mentes y sentimientos.

189

Cuando seas capaz de apreciar al sexo y el amor como acto de adoración, sabrás que besar, tocar y acariciar son componentes esenciales del ritual de adoración. Al tocar y acariciar te mantienes en contacto contigo mismo y con tu pareja. Por medio de las caricias la energía fluye hacia nuestros cuerpos y a través de ellos, manteniéndonos vivos, despiertos y agradecidos.

Para que el juego amoroso tenga éxito, debe experimentarse como un momento de placer erótico mutuo o de adoración suprema, no como una tarea que se deba llevar a cabo para así llegar al coito. Y el sentimiento de controlar suavemente y disfrutar con el goce de tu pareja extenderá e intensificará tu propio placer.

La regla para agradar es muy sencilla no fuerces a tu pareja a hacer nada que él o ella encuentre desagradable o incómodo. No tengas miedo de pedir lo que deseas o de preguntarle a tu pareja qué es lo que él o ella quiere. No se espera que nadie conozca los deseos de otra persona por completo, así que dialoga y dile al otro qué os provoca placer y qué os resulta incómodo.

Los ejercicios tántricos ayudan a conseguir que te sientas contento con tu vida sexual.

Haciéndola sana y armoniosa y convirtiéndose en un perfecto trampolín para la exploración mutua. Si te desinhibes, descubrirás tu verdadera naturaleza sexual, liberarás energías que pueden reavivar las llamas de una pasión ahogada por los tabúes, la rutina y las presiones de la vida moderna.

Todo lo sexualmente estimulante forma parte de los juegos previos, destinados a armonizar las naturalezas física y sutil de la pareja. Las enseñanzas orientales dicen que la mujer, como el agua, tarda en hervir y se enfría poco a poco después. Lo contrario sucede con el hombre, al que se compara con el fuego, que se enciende pronto y se extingue muy deprisa. Sin embargo, cuando ambos se equilibran de modo correcto el uno transformará al otro. El fuego y el agua en equilibrio producen vapor, que se eleva de forma natural, movimiento análogo a la ascensión de la energía vital a lo largo de los canales y centros sutiles. Durante la unión sexual, el ascenso será espontáneo, siempre que haya armonía y consideración por el otro durante el juego amoroso.

Durante el acto normal del amor, los elementos sensuales (los sentidos y sus órganos) se despiertan debido a la fuerza de la emoción. La respiración se acelera y se agita la imaginación.

A medida que continúan los movimientos amorosos, cambia el metabolismo de ambos amantes. El ritmo cardíaco y la circulación se alteran, y las glándulas empiezan a secretar hormonas sexuales. Los lazos naturales que existen entre el ritmo respiratorio acelerado, la excitación mental y el súbito clímax sexual con eyaculación dan la pauta para controlar y separar las distintas funciones. En ello reside uno de los secretos fundamentales de sexo tántrico.

Los actos sexuales tántricos implican un control consciente de la respiración, el pensamiento y la eyaculación durante la unión física. En realidad, el control respiratorio no presenta complicaciones, de-pendiendo sobre todo de la atención consciente al ritmo y profundidad de la respiración. Al concentrar la atención sobre la respiración o al contemplarla, desencadenamos un proceso inconsciente y parasimpático, sometido, sin embargo, a un control consciente. El amor tántrico se desarrolla mejor con una respiración profunda, rítmica e inhalada por la nariz. Una vez controlada la respiración, se puede continuar haciendo el amor y se mantiene la energía en circulación por un período casi indefinido.

Coordinar la respiración, hacer el amor lentamente y con meditación unirse en el placer basta para garantizar a la pareja que su sexualidad está imbuida en el espíritu del tantra. Por medio de los besos y las caricias se puede alcanzar la relación de intimidad al tiempo que se demuestra consideración por el bienestar físico y emocional de la pareja.

Esto supone ser más meditativo, consciente y cariñoso en la relación sexual para poder encontrar felicidad y placer en la unión.

Procura que tu pareja esté cómoda en todo momento. Aguanta tu propio peso y, cuando sea necesario, colócale un cojín debajo de la cadera para aliviar la presión. Penétrala por completo sólo si está totalmente excitada y tiene la vagina lo bastante lubricada como para recibir tu pene y adaptarse fácilmente a él.

Intenta no excitarte demasiado hasta el punto de precipitar el orgasmo. Para aliviar la presión de la situación, detén la actividad o reduce la velocidad antes de alcanzar el punto en el que ya no puedas volver atrás; retírate ligeramente del interior de tu pareja de modo que sólo el glande quede dentro de la vagina. Respira profunda y lentamente llevando el aire al abdomen y relaja los músculos que rodean los genitales y el ano.

Cuanto más tiempo dediquéis a hacer el amor, más compatibles seréis sexualmente.

La familiaridad con el cuerpo, el ritmo y las respuestas del otro, mejora la fluidez de los propios movimientos. Evita caer en una exhibición mecánica o gimnástica, intenta ser espontáneo y retozar en todo momento para que la sincronía del acto amoroso surja de forma natural y desenvuelta, como una hermosa danza.

Aunque vuestra actividad sexual sea muy pasional, de vez en cuando podéis deteneros y, simplemente, dedicaros a estar juntos. Cuando sientas que pierdes el contacto emocional con tu pareja, sea porque te has perdido en tus propias ideas y fantasías o porque te has concentrado demasiado en la actividad y las técnicas, trata conscientemente de volver al momento y conecta de nuevo con tu pareja. Si dejáis que la inmovilidad y la falta de actividad formen parte de vuestra unión sexual, podréis captar esos momentos que permiten vislumbrar la esencia misma del tantra. Si dejáis que la ternura salga a la superficie os revelaréis mutuamente vuestra vulnerabilidad y vuestra dulzura. Unos momentos de reposo os permitirán recuperar energías y disfrutar de un tiempo de unción precioso en lugar de buscar con prisas un clímax precipitado.

Cuando os detengáis unos instantes durante el acto sexual apasionado, podéis mantener viva la intimidad del contacto si os miráis a los ojos. Observaos con amor, buscando con los ojos la profundidad del alma del amante. Dejalos llevar, armonizad la respiración y sed conscientes de la cercanía y el calor de vuestros cuerpos. Si os tumbáis cara a cara, podréis descansar sin interrumpir el coito. Miralos a los ojos y respirad al unísono.

Cuando el hombre necesite estimulación para mantener la erección, la mujer puede agitar suavemente las caderas. Dejad que la siguiente oleada sexual crezca de forma espontánea.

Es importante experimentar el intercambio de papeles durante el acto, darle a la mujer libertad de expresarse sexualmente en posturas tanto activas como pasivas. El intercambio de papeles también permite al hombre experimentar la belleza de la rendición al poder erótico femenino.

Cuando la mujer se sitúa encima, en una postura activa, revela la totalidad de la forma sensual de su cuerpo a su pareja y le puede ofrecer sus pechos para que los bese y los chupe con ternura. Este gesto le reportará un gran placer, y las caricias de sus labios y su lengua sobre los pezones también intensificarán su estado de excitación. Los pechos son muy erógenos y su estimulación activa a los centros emocional y sexual de la mente.

Si la mujer adopta el papel activo, disfruta de libertad de movimientos y, al mismo tiempo, controla el ritmo y la profundidad de la penetración. También puede colocarse de forma que obtenga la máxima excitación al a cercar su vulva a su hueso púbico. Para armonizar tu propio placer con el de tu pareja, sé sensible a sus respuestas. Al colocarte encima también sirve para que él se relaje más, con lo que se prolonga la fase amorosa previa a la eyaculación.

Busca una sexualidad desinhibida y extática; procura no estimular a tu compañero en exceso, pues le precipitaría el clímax. Deja que la energía orgásmica recorra todo tu cuerpo, balancéate y grita de placer si te apetece. En una relación de confianza, el hombre puede ser capaz de rendirse a la desenfrenada, desinhibida y orgásmica energía sexual que la mujer es capaz de desencadenar Los amantes tántricos no buscan el orgasmo como único objetivo del acto amoroso, sino que utilizan la energía orgásmica como fuerza transformadora de su relación sexual. Cuanto menos os esforcéis, más os llenará la experiencia. Cuando hagáis el amor, pensad sólo en el presente y sumergíos plenamente en cada experiencia sensual. A medida que aumente la tensión orgásmica, relajalos y respirad juntos y dejad que las olas de placer se vayan formando y vayan impregnando todo vuestro cuerpo. Evitad llegar precipitadamente al punto culminante: saboread la fase de meseta que precede al clímax.

El orgasmo genital es la expresión primordial y más natural de la energía vital. Aunque se dé un buen acoplamiento, es preciso desarrollar una óptima conciencia sensorial a nivel genital. Para experimentar plenamente el orgasmo sexual debes recuperar la sensibilidad de los órganos sexuales, aliviando las tensiones que puedan haberse producido en experiencias sexuales negativas, transformándolas paso a paso en sensaciones placenteras. No se trata de aprender nuevas técnicas para hacer el amor, sino de prepararte para el flujo erótico natural y espontáneo que te llevará a un estado de goce exultante del amor sexual acorde con tu propia naturaleza.

Para mucha gente el orgasmo empieza y acaba en los genitales. En el sexo tántrico, se vive el orgasmo como una expresión de energía que implica a todo el cuerpo, utiliza la respiración y el movimiento para extender la energía orgásmica más allá de los genitales.

Puedes crear progresivamente energía orgásmica en todo el cuerpo a la vez que permaneces relajado, de tal forma que puedes contener la energía durante unos periodos de tiempo cada vez más largos. Transformado la energía sexual y experimentándola independientemente del contexto genital, puedes crear un orgasmo regenerativo de todo el cuerpo.

El orgasmo explosivo corresponde a la respuesta genital corriente producida por la estimulación del pene, el clítoris y la vagina. Se produce un aumento de excitación y después una respuesta reflejo repentina e involuntaria en la que se libera la tensión de la excitación o se expulsa a través de la eyaculación. El orgasmo implosivo es más profundo, lento y sutil.

Se produce básicamente por medio de la estimulación de la próstata en el hombre y el punto G en la mujer, en el hombre, puede incluir también el perineo, el ano y la parte inferior de la columna vertebral. La energía de la excitación se retiene en el cuerpo y se impulsa hacia arriba a través del canal sensitivo que discurre paralelo a la columnas vertebral, pudiendo experimentar un orgasmo a nivel de todo el cuerpo, incluso sin eyaculación.

Aprende a crear la excitación a través de la respiración intensa en coordinación con unos movimientos específicos del cuerpo que persigue duplicar las vibraciones que se producen en el reflejo orgásmico del sexo. Seguidamente, cuando alcances un estado de alta excitación energética, el cuerpo empezará a responder por su cuenta y vivirás las mismas sensaciones "ondeantes" que asociamos al orgasmo. La respuesta del éxtasis empieza cuando las sensaciones que estas creando de forma deliberada pasan a ser involuntarias, cuando la excitación planificada pasa a ser un torrente espontáneo. Aprende a trasmitir las vibraciones por todo el cuerpo, al principio de forma voluntaria e intensa, y luego de una manera cada vez más sutil hasta que el cuerpo empiece a ondear por sí mismo. Cuando las distintas partes del cuerpo están debidamente alineadas y se influyen mutuamente, se produce la ondulación en un flujo continuo. Si hay tensiones musculares, el flujo de energía se interrumpirá en el punto de tensión.

Esta respuesta de éxtasis significa sentirse elevado por encima de la cotidianidad, de la rutina. Te sientes henchido por una emoción o energía tan poderosa que el cuerpo no puede contener y te sientes transportado a otros dominios en que el espíritu, liberado por

un extraordinario acontecimiento de gran intensidad se eleva por encima de los límites de perfección y conciencia. Todos tenemos un potencial para experimentar júbilo y el éxtasis.

Y podemos experimentarlo a través del orgasmo ampliado.

Tras la eyaculación es posible que el hombre se sienta agotado. Por el contrario, la mujer puede sentirse llena de energía y desear un mayor contacto táctil. Esa situación puede provocar desavenencias. En lugar de separaros o frustraros, intentar comprender las distintas necesidades de cada uno durante ese

195

delicado período de recuperación y procurar adaptaros a ella. Cuando los dos estéis satisfechos podéis dormir juntos profunda y tranquilamente. El acto sexual es la mejor forma de relajar cuerpo y mente. Compartir las energías naturales del amor es una forma de comunión que despeja la mente y rejuvenece el cuerpo.

Los momentos posteriores a la actividad sexual son muy hermosos si los dos amantes consiguen valorar plenamente la tranquilidad y el sentido de unión que se manifiesta tras el orgasmo o una vez finalizado el acto. Es en ese momento cuando vuestras energías se funden y alcanzan el estado de equilibrio que hará que después os sintáis frescos y renovados por la comunión sexual. No os alejéis apresuradamente, relajaos totalmente y descansad en brazos del otro. Nunca os duchéis inmediatamente tras el acto sexual, dejad que se mezclen los jugos amorosos.

Los juegos posteriores al acto sexual son tan importantes como los juegos previos.

El fruto del amor sólo madura nutriendo con cuidado el árbol en el que crece. La pareja, después de haber llegado al orgasmo, ha de permanecer en estrecha unión durante cierto tiempo. Esto permite el intercambio de las energías sutiles y la absorción de los jugos vitales, que les devuelven la vitalidad perdida. Durante ese tiempo, la pareja puede llegar a conocerse de una manera no verbal y mística. Habiendo compartido una experiencia mística, ambos tienen mucho que digerir. La meditación se presenta de manera natural al permanecer estrechamente abrazados, con el lingam dentro del yoni.

8. BIBLIOGRAFIA UTILIZADA

Este material ha sido elaborado después de múltiples lecturas de libros, manuales y artículos de diversas publicaciones en papel e Internet, de los cuales se ha extractado gran parte de los textos aquí transcritos, a los cuales no se cita expresamente en esta bibliografía por la dificultad que entraña recurrir a estas fuentes, ya que los he ido recopilando en un espacio de tiempo muy amplio. Algunos de ellos se han tomado tal cual aparecían en el original, mientras que otros han sido actualizados y adecuados a la idea fundamental que guía este trabajo, la de hacer accesibles estos conocimientos al mayor número de personas y ofrecerles la posibilidad de una vida y sexualidad más satisfactoria, positiva y favorecedora del crecimiento personal.

Los terapeutas y especialistas en sexualidad, además de apoyarse en estas ideas, pueden utilizar diversos ejercicios que de forma más concreta ayudan a resolver los habituales problemas sexuales. Estos los puedes encontrar recurriendo a la bibliografía que se detalla, o bien, puedes utilizar libremente, el manual que he elaborado con esta finalidad, en el que están sistematizados todos los ejercicios y su aplicación a modo de juegos sexuales, que podrás encontrar en mi blog: *http://espaiterapeutic.blogspot.com.es/* Las fuentes más importantes utilizadas aquí, son las detalladas a continuación, a las cuales recomiendo recurrir, cuando el lector esté interesado en ampliar los temas tratados.

De nuevo indio, que es posible que a pesar de mi interés en hacer referencia a todas mis fuentes, haya podido omitir algunas debido al tiempo transcurrido entre las lecturas, la toma de apuntes y la trascripción definitiva de los mismos.

Referencias
"*La Senda del Éxtasis*" de Margo Anand. Ed. Martínez Roca
"*Secretos Sexuales*" de Nik Douglas y Penny Slinger. Ed. Martínez Roca
"*El Arte del Sexo Tántrico*" de Nitya Lacroix. Ediciones B Grupo Z
"*Kama Sutra", Ananga-Ranga*", "*El Jardín Perfumado*". Ed. Plaza y Janes
"*Séxtasis*" de Caroline Aldred. Círculo de Lectores
"*El Placer de Amar*" de Alex Comfort. Ed. Blume
"*El Arte Tibetano del Amor*" de Guendün Chömpel. Círculo de Lectores
"*Tantra Yoga*" de Antonio Blay. Ed. Iberia
"*Tantra Espiritualidad y Sexo*" de Osho. Arkano Books

"Tantra. La iniciación de un occidental al amor absoluto" de
    Daniel Odier, Arkano Books
"Los secretos, Las 112 meditaciones del Vigyan Bhairav Tantra"
    de Osho, Gaia Ediciones

Nuevas opciones para el tratamiento de las Disfunciones Psicosexuales

Alfonso Aguirre
Psicólogo Sexólogo
Puebla, Pue. México
www.sexologoalfonsoaguirre.com

I.- Presentación

Las y los profesionales que nos hemos especializado en la evaluación y tratamiento de las problemáticas psicosexuales requerimos de nuevos enfoques y perspectivas teóricas, metodológicas y técnicas que nos proporcionen estrategias de intervención más efectivas que enriquezcan nuestra práctica clínica y nos permitan entender y resolver con más efectividad y rapidez los problemas psicosexuales que hombres y mujeres presentan en algún momento de su vida.

Este reto está relacionado al mismo tiempo, con despojarnos del legado cultural del psicoanálisis y el conductismo que nos han acostumbrado a pensar la psicoterapia como un proceso largo y tortuoso, lleno de confesiones acerca de nuestros deseos y fantasías que serán interpretadas por el analista como neurosis, complejos, etc. o sentir que el psicólogo puede condicionar nuestro comportamiento a su antojo con las mismas técnicas de recompensas y castigos que se utilizan en los experimentos con animales de laboratorio.

Ante estos estereotipos culturales poco atractivos sobre los tratamientos psicológicos, el modelo médico predominante aparece como más amigable a la persona cuando le ofrece soluciones rápidas contenidas en pastillas, inyecciones y parches, además de consejos de buena fe tales como "tómeselo con calma", "relájese", "tómese un trago", etc. y si nada de esto funciona, siempre está la cirugía o la voz autorizada del médico que asevera que existen casos que no responden al tratamiento.

Con el fin de superar el dilema a la que puede verse enfrentada la persona que requiere de atención clínica entre optar por un tratamiento psicológico que aparece como penoso y poco fiable o consultar a un médico especialista que le dará una receta, resulta muy útil identificarnos como "psicólogo/a sexólogo/a" (PsiSex de aquí en adelante) ya que esta denominación hace referencia a un nuevo perfil profesional que no está anclado en los estereotipos anteriores del tratamiento y que tiene el plus de ofrecer un conocimiento psicosexual especializado.

A continuación presentaré una breve descripción de algunos de los principios y procedimientos derivados de la Programación Neurolingüística que según mi experiencia clínica pueden ser de utilidad en el tratamiento sexológico con el fin de optimizar el desempeño profesional en el área.

Este artículo no describe en detalle los procedimientos que se mencionan por lo que no es útil para quien esté interesado/a en ponerlos en práctica; mi intención es despertar la curiosidad y el interés del profesional para explorar libremente nuevas opciones de tratamiento que redunden en beneficio del cliente que padece de una disfunción psicosexual.

II.- La Programación Neurolingüística

La Programación Neurolingüística (PNL) como disciplina que "se ocupa de la estructura de la experiencia subjetiva" (Weerth, 2002 p. 40) surgió a partir de la investigación de los procedimientos de la psicoterapia que son efectivos para lograr cambios en las personas.

Este modelo creado por Bandler R. (1950-) y Grinder J. (1940 -) durante la década de los 70´s del siglo pasado, -que ha desafiado los cánones de la Psicología académica y que hasta la fecha sigue sin ser reconocido en los claustros universitarios-, tiene su origen en el análisis exhaustivo de los mejores supuestos y técnicas desarrolladas por diferentes enfoques psicoterapéuticos y lingüísticos (terapia Gestalt [F. Pearls 1893-1970], terapia familiar [V. Satir 1916-1988], hipnosis [M. Erickson 1901-1980], terapia sistémica [G. Bateson 1904-1980], gramática transformacional [N. Chomsky 1928-]).

Muchos de los elementos que los autores de la PNL proponen han sido tomados de las distintas orientaciones psicoterapéuticas articulados bajo un modelo cognitivo que se propuso "descubrir cuáles son los elementos esenciales y cuáles estaban de más y eran innecesarios" para lograr el cambio; esto es, estilizaron y depuraron los procesos observados hasta llegar a algo que funcionara sistemáticamente (Grinder et al, 1982 p. 137). La estrategia profesional y los procedimientos orientados a la resolución de problemas que propone la PLN han abierto novedosas oportunidades a la utilización de la psicoterapia desde la idea de que "su valor debe medirse por su utilidad y no por su verdad" (Grinder et al 1980, Weerth 2002, p. 36).

A partir de este planteamiento, la/el PsiSex tiene la opción de utilizar desde su propia perspectiva teórica, los principios y procedimientos que la PNL pone a su disposición para "enseñar a las personas la manera de utilizar su propio cerebro" y no para explicar cómo funciona (Weerth 2002 p. 41). Hay que reconocer que las grandes corrientes de la psicología –como nos recuerda Bateson-, han sustentado el estudio de la mente sobre "todo tipo de entidades explicativas internas (ego, ansiedad, agresión, instinto, conflicto, etc.)" que más que de una explicación científica "nos traen recuerdos de la sicoteología medieval" (Bandler et al 1980, p. 11).

La posibilidad de disponer de más y mejores enfoques y técnicas psicoterapéuticas para la evaluación y el tratamiento efectivo de las disfunciones psicosexuales es un motivo suficiente para estudiar las propuestas de la PNL cuyos principios y procedimientos seguramente enriquecerán las estrategias clínicas que utilizamos; asimismo estoy seguro que nos permitirá introducir nuevas opciones de intervención que supongan recuperar el desempeño sexual que se ha visto afectado en menos tiempo y con menos esfuerzo que es uno de nuestros objetivos más importantes.

III.- Principios

A continuación describiré dos de los principios de la PNL que pueden servir para mejorar nuestro encuadre de evaluación y facilitar el tratamiento de las disfunciones y otras alteraciones psicosexuales, el primero identifica el objeto de intervención de la psicoterapia: el mapa no es el territorio, y el otro nos ayuda a aplicar los recursos psicológicos que las personas ya poseen a nuevas situaciones.

1.- Las representaciones cognitivas del mundo no son el mundo mismo

Todas las personas representamos el mundo y al sí mismo a través de un modelo cognitivo.

Este modelo nos ayuda a orientar nuestro comportamiento y determina en mucho la manera de percibir la realidad. Esta representación del mundo construida por nuestra mente, como escribió Korzybski, es un mapa del mundo, no el territorio (Wittezaele et al 1994 p.80).

Es posible analizar el modelo del mundo de las personas y de sí mismas a través del lenguaje utilizando el metamodelo. El metamodelo es una herramienta que nos ayuda a explorar y a completar las experiencia de la persona, identificando las "pautas o patrones de lenguaje que oscurecen el sentido de una comunicación, a través de identificar los procesos de 'distorsión', 'eliminación' y 'generalización' utilizados inconscientemente por esa persona" (O´Connor et al p. 312).

La eliminación es un "proceso que suprime porciones de la experiencia original (el mundo) o de la representación lingüística plena (estructura profunda)".

La distorsión se da "cuando las personas convierten aquello que es un proceso en un acontecimiento o evento" (Bandler et al 1980, p. 64-67) y, La generalización es un "proceso mediante el cual una experiencia específica sirve para representar una clase entera de experiencias" (O´Connor et al, p. 31)

El metamodelo permite utilizar sistemáticamente estrategias específicas para clarificar e impugnar el uso del lenguaje (impreciso) de la persona en problemas, con el fin de volver a conectar su discurso con su experiencia sensible y con la estructura profunda de su lenguaje enriqueciendo sus representaciones cognitivas. El uso del metamodelo como herramienta psicoterapéutica permite a la persona ensamblar de nuevo su discurso, con la totalidad de su experiencia digital codificada en la estructura profunda del lenguaje y por ende con el contínuum de su experiencia.

Asumiendo que nuestra población no acostumbra hablar de sus experiencias sexuales, ésta herramienta es especialmente útil para ayudar al cliente que presenta una disfunción a que describa con claridad su problema en aras de que la/el PsiSex pueda evaluarlo y elaborar una estrategia de intervención precisa para su tratamiento. También es de utilidad en la conducción del interrogatorio para descubrir la intención positiva de la disfunción psicosexual ya que permite evidenciar creencias y valores de la representación del cliente sobre sí mismo/a, las otras personas y el mundo, de las cuales no es consciente en la actualidad.

La concepción de que toda representación del mundo se construye bajo "los 3 universales del modelado humano: la generalización, la eliminación y la distorsión" (Grinder et al 1980, p.44) y que el mapa no es el territorio (principio resume la intención de la teoría de los tipos lógicos de B. Russel 1872-1970 y G. Bateson 1972), nos proporciona el sustento cognitivo básico para utilizar de manera más efectiva cualquier técnica psicoterapéutica.

2.- Toda persona tiene los recursos psicológicos que necesita

Es importante que el/la PsiSex inicie el tratamiento reconociendo y valorando los recursos psicológicos que la/el cliente posee como producto de las vicisitudes de su vida (que aparecen como imágenes mentales, voces interiores, sensaciones

203

y emociones (Andreas et al, 2005). Este supuesto nos indica que las experiencias de cada quien constituyen sus mayores recursos que le permitirán en caso necesario, enfrentar situaciones nuevas o difíciles e incluso cambiar el comportamiento y su forma de ser.

Debemos considerar que el tratamiento podría ser más efectivo si somos capaces de orientar al cliente para que utilice sus experiencias positivas en el contexto y el momento adecuado y no solo aquellas que por alguna consideración técnica, seleccionamos como más adecuados para inducir un cambio; utilizar todo lo que se necesita en el momento en que se necesita (Grinder et al 1982).

Todas las experiencias del cliente tienen un valor en un contexto determinado, son valiosos recursos con los que cuenta y que pueden ser utilizados en la psicoterapia para facilitar el logro de los objetivos. En este sentido, "todo lo que un ser humano puede desarrollar es un logro, que depende sólo de dónde, cuándo y para qué lo utiliza" (Bandler, 1988).

Por ejemplo, los recuerdos positivos en la vida del cliente en los que se haya sentido realizada y satisfecha sexualmente, nos indican que la persona posee experiencias que pueden ser utilizadas como valiosos recursos para avanzar en la resolución del problema actual.

Este principio que nos ayudará en la búsqueda de la intención positiva, nos indica que en función de su experiencia - experiencia que contiene la historia personal de cada quien y que le sirve de marco de referencia-, la/el cliente seleccionará subjetivamente la mejor opción posible dentro de su contexto específico (Grinder et al 1982).

IV.- Procedimientos

Los siguientes procedimientos pueden servir al PsiSex para enriquecer las estrategias psicoterapéuticas de intervención proporcionándole detalles específicos que facilitarán su trabajo. Entre ellos tenemos: a) identificar y utilizar los sistemas de representación para entender como cada persona procesa la información y poder facilitarle los cambios que desea implementar en su vida; b) generar opciones alternativas para facilitar la resolución del problema; c) buscar la intención positiva del problema que agilizará la resolución del mismo; d) trabajar con la forma de la experiencia y no solo con el contenido; e) valorar la flexibilidad en el comportamiento del profesional y, f) clarificar los objetivos que persigue la intervención.

Además, es recomendable aprender a diseñar estrategias psicoterapéuticas para cada cliente partiendo del reconocimiento de que nuestro objeto de intervención es la persona que recurre a la consulta para resolver una problemática psicosexual. Se trata de ayudar a la persona a enfrentar el problema a su manera y no focalizarnos en la resolución del problema al margen de ella como supone el modelo médico.

1.- Aprender a utilizar los sistemas de representación
Cada persona utiliza una combinación variable de modalidades y submodalidades sensoriales para aprehender, recrear la realidad y comunicar sus experiencias subjetivas (Bandler, 1988).

Los sistemas representacionales son las vías sensoriales a través de las cuales y junto al sistema de representación digital (verbal) se conforma y se organiza la experiencia subjetiva del mundo, es la "manera como se codifica la información en la mente mediante uno o más de los cinco sistemas sensoriales..." (Bandler et al 1976).

A través de ciertos parámetros observables como son el movimientos de los ojos, la secuencia de la respiración, la transpiración de las manos, el ritmo y tono de la voz, los cambios en la expresión facial, los movimientos de las cejas, el uso de ciertas palabras, el cambio de color de la piel, el cambio en el grosor del labio inferior y el tono muscular entre otros, el/la PsiSex tiene la posibilidad de acceder a los procesos internos (subjetivos) del cliente aún antes de que esta/a los exprese verbalmente y así no solo integrar de mejor manera la historia clínica sino identificar con precisión los elementos que más adelante, la conducirán al cambio.

205

Cada una de las 5 modalidades sensoriales, (visual, auditiva, cinestésica, olfativa y gustativa) posee una serie de submodalidades que son aspectos específicos de las primeras.

De la vista, por ejemplo, tenemos el brillo y tamaño de la imagen, color y contraste, enfoque y distancia, etc. y así para cada modalidad existen toda una serie de submodalidades propias que introducen variaciones en la experiencia y que son utilizadas por las personas, la gran mayoría de veces sin darse cuenta de lo que hacen, para mantener o cambiar ciertos estados subjetivos, por lo que la/el PsiSex puede utilizarlas con el mismo propósito de una manera consciente para facilitar el logro de sus objetivos. "Las submodalidades determinan la cualidad de toda experiencia y de toda actividad" (Weerth, 2002 p. 79).

2.- Generar opciones alternativas

Cuando se evalúan los sucesos y comportamientos del cliente que lo han llevado a desarrollar una disfunción psicosexual, también es posible que identifiquemos en él/ella, dificultades para optar por opciones alternativas que podrían contribuir a la solución del problema. Muchos de los problemas que la/el cliente enfrenta serían más fáciles de resolver si, como sugiere la PNL, pudiese disponer de múltiples opciones para enfrentar su situación. La idea es que entre más opciones seamos capaces de generar para resolver un problema, más fácil se nos hará su solución. Hay que recordar que una sola opción no es ninguna y dos opciones nos colocan ante un dilema o una ilusión de alternativas (Watzlawick, 1980). Tres o más opciones nos permitirán ampliar nuestra perspectiva del problema y por lo tanto, encontrar y seleccionar con mayor seguridad y confianza la solución más adecuada.

3.- Aprender a buscar la intención positiva

Si la disfunción sexual genera beneficios secundarios al cliente –al margen de su consciencia-, contribuye a su permanencia y cualquier tratamiento que no logre identificar este beneficio dará resultados poco efectivos. Por ese motivo es

206

necesario desactivar esa función como parte inicial del tratamiento a través de que la/la cliente identifique que es lo que hace que el problema se mantenga.

La búsqueda de la intención positiva de la disfunción psicosexual tiene el propósito de acelerar el tratamiento al permitir que la/el cliente tenga acceso a aquella información sobre sí misma/o de la cual no era plenamente consciente.

Poner al descubierto la intención positiva es un paso necesario para cambiar radicalmente la serie de conjeturas que la/el cliente habían hecho hasta ese momento sobre su propio problema; especialmente, le ayuda a dejar de creer que la disfunción psicosexual estaba fuera de su comprensión y control, y empieza a darse cuenta y aceptar que el problema está relacionado directamente con experiencias que son parte de su vida.

Es necesario que la/el PsiSex plantee al cliente la información específica sobre el procedimiento y sus objetivos, así como la serie de pasos que llevarán al análisis de la intención positiva del problema que está contribuyendo al mantenimiento de la disfunción psicosexual.

El planteamiento de la intención positiva se maneja como una hipótesis que se pone a prueba y adquiere significado dentro de la experiencia subjetiva del cliente y no requiere que el profesional recurra a constructos teóricos dotados de significado al margen del mismo para elaborar interpretaciones.

4.- Aprender a trabajar con la estructura de la experiencia

El trabajo psicoterapéutico puede centrarse en la identificación de las formas específicas que adquiere el proceso de la experiencia del cliente y/o en el contenido del mismo. La PNL ha descubierto que se pueden lograr los cambios deseados trabajando con la forma, solamente cambiando la secuencia de las experiencias (Bandler, 1988). "Nuestros pensamientos y recuerdos tienen un patrón (estructura), cuando modificamos ese patrón, la experiencia cambia" (Andreas et al 2005 p. 39).

La/el PsiSex puede aprender a focalizar su atención en el proceso de las experiencias que la/el cliente presenta y no solo en el contenido "lo que la gente hace tiene una determinada estructura, y si Ud. puede descubrir esa estructura cabe imaginar también cómo cambiarla" (Bandler, 1988).

El aprendizaje de esta destreza le permitirá al PsiSex tener acceso a un importante sector de la información disponible que nos proporciona la/el cliente y que nos pasaría desapercibida si nos concentramos solamente en la interpretación del contenido. Este aprendizaje tiene que ver con el entrenamiento perceptivo que podemos conseguir a través de copiar deliberadamente las secuencias mentales (en términos de modalidades y submodalidades) que la/el cliente repite sin darse cuenta y que constituye el patrón mental responsable del mantenimiento del problema. Así, no solo podemos reproducir el mismo resultado (modelaje) sino que encontraremos la forma de modificarlo alterando el patrón original. Para obtener la información que se necesita para identificar el patrón de comportamiento que se quiere cambiar, es necesario interrogar detenidamente al cliente, describir la secuencia específica que utiliza y así ayudarlo a introducir los cambios que conducirán a su modificación (Bandler, 1988).

5.- Aprender la utilidad de un comportamiento profesional flexible.

El acercamiento del PsiSex al cliente puede ser rígido o flexible; el modelo rígido le ofrece una sola referencia para la interacción y puede no ser la mejor para comunicarnos con la/el cliente. A través del acercamiento flexible la/el PsiSex busca sincronizarse con el sistema representacional del cliente (Grinder et al 1982).

Cuando la/el PsiSex interactúa por primera vez con la/el cliente, no conoce su patrón mental predominante por lo que si sólo se esfuerza por aparecer de cierta manera (rígido), pueda que la/el cliente sienta que el profesional no entiende bien su problema por lo que puede optar por abandonar el tratamiento o plantearlo de otra manera. Con ambas opciones la/el cliente resuelve esa situación, aunque si pudiese optar por la segunda seguramente podría solucionar también su problema sin ayuda, por algo está aquí. Lo recomendable es que la/el PsiSex sea quien modifique su propio comportamiento hasta lograr que la/el cliente se sienta entendido.

La cuestión relativa a la flexibilidad y la rigidez del comportamiento está vinculada con la definición existencial que hacemos de nuestra identidad, de quien soy; la identidad es un recurso del que disponemos para sentirnos seguros con la forma en que usualmente somos o creemos ser. Es posible aprender a considerar la identidad no solo como lo que creemos que somos, sino como lo que queremos ser (dándonos una perspectiva novedosa que nos orienta hacia la superación personal) y así, adecuar nuestro comportamiento con el objetivo de obtener lo que deseamos. "Sirviéndose de sus cogniciones, la persona puede concebir el mundo y así misma como parte de ese mundo, actuar en él y transformarse a sí misma" (Weerth, 2002 p. 44).

Pregúntate ¿cuál es mi intención de mantener un comportamiento o identidad inalterada [como si me hubiese sido dada de una vez y para siempre] cuando de esa manera no estoy logrando lo que deseo? La posibilidad de cambiar la identidad y el comportamiento en función de obtener lo que deseas, está relacionada directamente con el supuesto teórico de que todas las personas poseen una "personalidad múltiple" (Mohl, 2004, p. 45), que puede ser creativamente utilizada en función de los objetivos a alcanzar.

La habilidad para utilizar las 4 posiciones perceptivas básicas, que se refieren al punto de vista del cual estamos conscientes, tiene que ver con la flexibilidad. Este recurso nos permite mostrar al cliente distintas perspectivas desde las cuales puede analizar su situación. En la primera posición la/el cliente "se encuentra totalmente asociado consigo misma", se refiere a la "visión o experiencia del mundo a través de los propios ojos y del propio cuerpo". En la segunda posición se trata de "ver o experimentar un acontecimiento desde la perspectiva y la

experiencia de la persona con la que estamos interactuando". En la tercera posición la persona asume una posición neutral, "ver o experimentar un suceso como un observador que estuviera fuera" (Andreas 2005, p. 365-367). Cuarta posición:
"Ver o experimentar un acontecimiento desde la perspectiva global de todo el sistema.
Posición de nosotros/as" (Dilts, 2003, p. 348).

6.- Clarificar los objetivos
El psicoterapeuta debe prestar especial atención a la precisión en la definición de los objetivos tanto del procedimiento de intervención clínico (que la gran mayoría de veces son muy claros para el profesional), como a la descripción detallada de los objetivos que la/el cliente desea lograr (que no siempre coinciden con los primeros). Las necesidades y requerimientos derivados de la representación que cada persona tiene de su intimidad y desempeño sexual son muy variadas y por lo tanto la/el PsiSex no puede utilizar un procedimiento estándar de intervención solo a partir del diagnóstico de la disfunción bajo el supuesto que ya sabemos lo que la/el cliente quiere. Para evitar equívocos y bajo la ética profesional de respetar en todo momento al cliente, es necesario escuchar sus demandas, interrogarlo/a sobre el significado de lo que busca y traducir esas demandas en objetivos específicos con los que la/el cliente este de acuerdo. Teóricamente, este planteamiento insiste en que una descripción precisa de los objetivos ayuda al cliente a clarificar lo que quiere y lo que busca, de otra manera, no habrá un referente que le indique que ha alcanzado lo que busca.

V.- Estrategia de intervención
Me gustar pensar en la terapia psicosexual como un tipo de interacción interpersonal orientada a la resolución de un problema, esta idea me permite destacar la parte existencial de la interacción que proporciona, desde un enfoque estratégico, el contexto particular y único que permite al PsiSex, seleccionar y utilizar los procedimientos teóricos y técnicos que mejor se

adecúen a cada persona. De esta manera se pueden combinar las técnicas terapéuticas con el arte de hacer terapia (Haley, 1980).

El enfoque estratégico desde esta perspectiva nos permite hacer una evaluación no de la disfunción en sí misma, sino de la persona que en este momento de su vida y en un contexto específico, presenta una disfunción psicosexual. Esto nos induce a esforzarnos por crear una terapia personalizada, que incluya los principios que la guiarán, el establecimiento de un convenio que establezca las condiciones y los propósitos de la interacción y que genere una dinámica de colaboración mutua cliente/profesional, la especificación de los objetivos terapéuticos, la selección y utilización de técnicas psicoterapéuticas y de terapia sexual incluyendo tareas y ejercicios, duración, costos, la evaluación de los avances, y en general todo aquello que sea necesario para realizar esta actividad.

Desde una perspectiva humanista, científica e integral (Aguirre, 2006), podemos construir estrategias particulares de intervención utilizando los postulados, principios, procedimientos y técnicas de distintos enfoques psicoterapéuticos orientados a ayudar a un ser humano a resolver un problema que afecta su vida en este momento como sugiere la PNL, y no a comprobar la efectividad de una u otra técnica o enfoque teórico.

Rapport

Todos los enfoques psicoterapéuticos destacan la importancia de establecer un *rapport* adecuado con la/el cliente desde el inicio ya que este acercamiento facilitará el proceso de interacción subsiguiente. En síntesis podemos coincidir en que, el rapport (sintonía) es una relación entre dos personas caracterizada por el respeto y la confianza mutuos.

La calidad de la sintonía depende básicamente de la actitud interna de la persona, de su capacidad para aceptar al otro/a, pero también de su disposición momentánea: es necesario que se sienta receptivo para poder dedicarse plenamente a su interlocutor (Mohl, 1998, p. 61; Weerth, 2002, p. 178).

Al mismo tiempo que evalúo la disfunción psicosexual través de la historia clínica, me es útil –como parte del rapport- irle proporcionando al cliente detalles breves del tipo de problema que presenta con el objetivo de establecer una referencia cognitiva compartida y una presuposición sobre el conocimiento de su padecimiento (por ejemplo, no es una enfermedad, es muy común, puede ser tratada, el tratamiento psicológico tiene excelentes posibilidades de éxito, etc.).

A continuación describiré 3 opciones que tienen el objetivo de facilitar el tratamiento de las disfunciones psicosexuales, opciones que la/el PsiSex puede incorporar dentro de su propio modelo de intervención. La descripción de cada una tiene solamente el fin de ilustrar que es posible utilizarlas en el tratamiento de una u otra disfunción psicosexual; no pretende de ninguna manera substituir la descripción detallada de cada técnica, las cuales se encuentran ampliamente ilustradas en la bibliografía que se indica.

1ª. Opción:
Identificar la Intención Positiva
Cuando la disfunción psicosexual ofrece algún beneficio a la persona que la padece, es muy difícil avanzar con el tratamiento sin resolver esta situación. Este beneficio secundario o intención positiva cumple el propósito de resguardar algún área de la representación cognitiva que la persona tiene de sí misma, de sus creencias y valores, así como de sus relaciones, al margen de la consciencia.

La descripción del complejo mecanismo que lleva a la aparición de una disfunción psicosexual no está clarificado aún; sin embargo podemos suponer que en su aparición están involucrados una serie de componentes que tienen que ver con la interacción, las características de la personalidad, los mapas mentales, los niveles lógicos de aprendizaje, estados emocionales alterados, la opción inconsciente, la impronta y el doble vínculo entre otros; la descripción de la secuencia que llevaría a la aparición de una disfunción psicosexual tendría que mostrar la articulación de sus elementos, como se presenta en el siguiente ejemplo:

a.- La persona se ve involucrada en una situación interpersonal psicosexual [interacción] que no supo manejar adecuadamente

b.- Por algún motivo, la situación afectó alguna característica de la identidad, valores o creencias de esa persona [niveles lógicos del aprendizaje]

c.- La reacción emocional resultante [estado emocional alterado], ancló el recuerdo de la situación [impronta] impidiéndole a la persona pensar o hablar racionalmente de lo que sucedió [doble vínculo].

d.- Como la mejor respuesta inconsciente para enfrentar la situación, aparece la disfunción psicosexual [la mejor opción]

Así, la persona que ha vivido una situación interacción psicosexual en la que se ha sentido amenazada subjetivamente en su integridad, sus creencias o valores, (utilizada, disminuida, juzgada, humillada, forzada, etc.) y no haber podido reaccionar como le hubiera gustado hacerlo, sufre una afectación emocional importante. De inmediato y sin que ella fuese consciente de ello, se genera una respuesta psicofisiológica autónoma del organismo (la disfunción psicosexual) que tiene la misión de proteger el área afectada de la personalidad y/o su relación de pareja.

La intervención clínica que se orienta a explorar y clarificar la intención positiva de la disfunción psicosexual requiere que el profesional explique al cliente con todo detalle en que consiste el procedimiento a seguir ya que no es fácil para él/ella, entender y aceptar la idea de buscar algo positivo en su problema. Para familiarizarlo con la idea es conveniente utilizar analogías sencillas como ejemplos que le muestren que este acercamiento tiene un sentido clínico.

Por ejemplo, la intención positiva de que un hombre pierda la erección ante un encuentro sexual casual con una chica desconocida, más allá del sentimiento de vergüenza que le hizo pasar, pudo haber sido la mejor opción que él tenía en ese momento para enfrentar una situación en la que pudo haberse contagiado de una enfermedad de transmisión sexual; ahora, la parte de su mente y la dinámica inconsciente que lo protegió en su momento, se mantiene sin cambios al paso del tiempo hasta que pierde valor ante otras experiencias o al hacer consciente su intención se facilita el proceso de cambio.

La/el PsiSex guiará su interrogatorio bajo la idea de que la disfunción está cumpliendo una función positiva en una parte de la persona y/o de su entorno interpersonal. La pregunta que vamos a resolver a través del interrogatorio es: ¿en qué contexto y bajo qué perspectiva la disfunción adquiere utilidad para la/el cliente?

La/el Psi Sex procederá a conversar con la/el cliente acerca de la posibilidad de que la disfunción sexual –sin que ella/él fuese consciente de ello-, estuviese cumpliendo alguna función positiva en algún aspecto de sí mismo/a o de su relación con otras personas. A continuación y en función de los supuestos de la PNL sobre la personalidad múltiple y la mente inconsciente (que no se describen en este artículo), se le pide que repita las oraciones que el profesional le indica y que están dirigidas a una parte inconsciente de su mente:
"parte responsable de mi disfunción, en este momento y en consciencia, quiero comunicarme contigo con el fin de pedirte por favor me digas cuál es la intención positiva de mi disfunción..." (Mohl, 1998)

Una vez que la/el cliente ha repetido la frase anterior y se supone que ha entrado en contacto con esa parte, el modelo técnico del interrogatorio se centra en la formación de oraciones bajo el siguiente modelo: "la eyaculación precoz (o la disfunción de que se trate), me ha permitido darme cuenta..." o "la eyaculación precoz, me ha protegido de...".

Se le pide al cliente que repita y complete cada oración cuantas veces sea necesario con las ideas que aparezcan libremente en su mente; de esta manera podrá explorar una gran cantidad de áreas de su experiencia que poco a poco le harán sentido sin necesidad de recurrir a interpretación alguna.

En algún momento mientras genera oraciones, la/el cliente entrará en contacto con características de la representación de sí

214

misma como hombre o mujer, del concepto de pareja, etc. que contienen creencias, aseveraciones, valores, etc. las cuales ha olvidado y de las que no ha sido plenamente consciente hasta ese momento. La/el cliente construirá oraciones cada vez más significativas sobre su disfunción, aseveraciones que no hubiera podido anticipar y que incluso lo sorprenden ya que ponen al descubierto creencias y valores adquiridos tempranamente en su desarrollo y que se han conservado inconscientemente como parte de su identidad. Este interrogatorio lo realizamos bajo los principios del metamodelo.

El profesional ajeno a las propuestas de la PNL en relación a la mente inconsciente y a la personalidad múltiple, tendrá dificultades para comprender el procedimiento, especialmente esto de comunicarse con una "parte inconsciente de la mente responsable de la disfunción" que parece un asunto de fe más que de ciencia. Sin embargo antes de desechar este procedimiento le sugiero consultar el tema en la bibliografía sugerida al final.

A continuación presentaré dos ejemplos extraídos de mi práctica clínica que muestran este procedimiento.

Estela y Juan

Estela que está embarazada de Juan se queja de que él no la busca sexualmente desde que se embarazó, ella cree que a Juan no le gusta su cuerpo porque se está poniendo deforme, etc. Juan lo niega pero acepta que ha perdido el deseo sexual y él lo asocia con su trabajo, mucho stress, etc. La entrevista clínica lleva a Juan a recordar que desde el inicio del embarazo Estela se volvió más activa sexualmente y él, que estaba acostumbrado a jugar la parte activa, no supo cómo enfrentar esa situación que lo tomó de sorpresa. A partir de ahí ha sentido que su deseo sexual con ella no es el mismo de antes.

El análisis de la intención positiva de la disminución del deseo sexual de Juan lo lleva a descubrir que una parte de sí mismo lo está protegiendo de ser controlado por su pareja, la oración que le hace sentido es: "la intención positiva de la pérdida de mi deseo sexual con mi pareja me protege de ser controlado sexualmente por otra persona". Este descubrimiento sorprende a Juan porque él no se siente un hombre tradicional, sin embargo lo entiende a partir de las creencias y valores de su educación sexual temprana e inmediatamente se siente mucho mejor de descubrir que el hecho de sentir menor deseo hacia su pareja está relacionado con una actitud sexual que él no defiende en la actualidad como propia por lo que le será fácil dejarla atrás; se siente más confiado en el tratamiento y en la búsqueda de su resolución.

María y Pedro

A María se le dificulta cada vez más llegar al orgasmo con Pedro su esposo desde hace dos años; lo han platicado entre ambos y no saben a qué atribuirlo. Estuvieron en sesiones de terapia de pareja y sienten que no avanzaron porque no se encontraron motivos de desavenencia, ambos se sienten bien con su relación y disfrutan plenamente la compañía mutua. Acudieron con su ginecóloga para tratar de identificar alguna afectación orgánica y al no encontrar nada, fue ella quien los remitió a un especialista en asuntos sexuales; así llegaron a mi consultorio. Efectivamente la entrevista clínica conjunta revela un vínculo de pareja muy sólido que ellos relacionan al hecho de que desde que empezaron a ser pareja, establecieron una serie de acuerdos que iban a regir la relación; acuerdos que en general han cumplido y cuando es necesario los vuelven a platicar de tal manera que sin mayor problema, corrigen las desavenencias. Se respetan como personas, les gusta viajar juntos, a pesar de que tienen distinto horario en su trabajo, comen juntos 3 veces a la semana, están ahorrando para comprar un departamento, etc.

En el análisis de la intención positiva de la falta de orgasmo, María se da cuenta de que su dificultad está protegiendo una creencia familiar de lo que debía ser una mujer y que había olvidado, la oración que le hace sentido es: "La intención positiva de mi anorgasmia me protege de no ser una mujerzuela que goza del placer sexual sin ninguna responsabilidad".

Ella reconoce que no es una mujer con ideas tradicionales sobre el sexo, se siente una mujer libre y sin prejuicios, pero reconoce que su educación sexual familiar fue muy tradicional, mamá le inculcó la creencia de que una buena mujer no debe tener sexo solo por placer, el sexo es para formar una familia. Ese descubrimiento la hace sentirse muy a gusto de saber que su anorgasmia proviene de sus propias creencias y quiere trabajar en ellas.

2ª. Opción

Disociación

El reconocimiento cognitivo de la intención positiva funciona como un reencuadre (Mohl, 1998) que mejora notablemente el estado emocional del cliente al proporcionar una nueva perspectiva de su problema. Sin embargo, en muchos casos es necesario trabajar directamente con el estado emocional alterado que ha acompañado a la persona desde el inicio del problema y que probablemente se ha agravado con el paso del tiempo generando sentimientos de enojo, malestar, ideas repetitivas, pérdida de la autoestima, desvalorización como persona, sentimientos de vergüenza, temor, deseos de venganza, culpabilidad, etc. Muchas de estas emociones surgen y se mantienen porque la/el cliente asume equivocadamente una responsabilidad sobre la disfunción que no le corresponde porque aunque su origen es psicológico, es producto de un mecanismo fuera de su control.

Juan se sentía culpable ante su pareja, temía su intimidad porque no podía responder como él quería, vivía con la ansiedad de ser rechazado, etc. A pesar de que este tipo de emociones son las que más afectan al cliente, son relativamente fáciles de eliminar con las técnicas de "disociación" y "doble disociación" de la PNL que permiten a la persona asumir el papel de un observador neutro utilizando la 3ª posición perceptiva (Dilts, 2003), que le permite observar su propio desempeño sexual disfuncional sintiéndose libre de las emociones que acompañaban a esos recuerdos. Inmediatamente después del procedimiento, la/el cliente se da cuenta que puede aprender a no dejarse afectar emocionalmente por las situaciones que ha vivido.

Es necesario explicar al cliente en detalle la descripción de la técnica que se aplicará porque de esa manera podrá encontrar la mejor forma para verse desde fuera y evitará estar pendiente de que su mente siga correctamente las instrucciones sin que repita automáticamente los patrones usuales de su pensamiento (análisis, pensamientos repetitivos, búsqueda de causas, etc.).

El procedimiento técnico de la disociación consiste en: Inducir al cliente para que con su mente se sitúe en una sala de cine.

Indicarle que debe ver la película de sí mismo/a teniendo el problema desde que inició hasta el presente.

Darle indicaciones para que repita la misma película introduciendo modificaciones: ahora hacia atrás, en blanco y negro, sin sonido, etc. Para lograr una doble disociación pedimos a la persona que una vez sentada en la sala de cine, salga de su cuerpo de espectador y flote hasta el cuarto de proyección al fondo de la sala de cine, "desde ahí te observarás a ti misma sentada en la butaca" contemplando la pantalla (Mohl, 1998, p. 326).

Inmediatamente después de la correcta aplicación de este procedimiento, la/el cliente se siente liberado de sus desagradables sentimientos relacionados con el problema y se incrementa su disposición favorable hacia su resolución.

3ª. Opción
Cambio de Historia Personal

Esta opción se orienta a ayudar al cliente a identificar y evaluar la afectación que sufrió en otras áreas de la personalidad a causa de la disfunción psicosexual con el propósito de reestructurar conscientemente la forma en que quiere sentirse y actuar en el presente (probablemente recuperar su forma de ser hasta antes de que apareciese el problema o incluso mejorarla).

Estas técnicas son muy efectivas cuando la disfunción psicosexual ha afectado la forma de ser, la autoestima, el comportamiento interpersonal, las expectativas, etc. de la persona que la padece. En el caso de Juan, se sentía inseguro, incapaz e incómodo con su forma de ser, había cambiado sus hábitos y se había refugiado en el trabajo, no se atrevía a conversar abiertamente con su pareja por temor a agravar la situación, etc. Lo que él deseaba era compartir sus experiencias eróticas con su pareja sin miedo, sentirse seguro de sí mismo, recuperar la cercanía emocional con su pareja y vivir plenamente la experiencia de ser papá.

Para evaluar la afectación y favorecer que la persona recupere una serie de características de su forma de ser que se habían visto alteradas por la presencia de la disfunción, podemos recurrir al análisis de los niveles de aprendizaje (entorno, comportamiento, capacidades, valores y creencias e identidad), que nos proporciona un modelo que nos facilita identificar donde es necesario intervenir. El entorno "determina las oportunidades o restricciones externas" a las que la persona se enfrenta. El comportamiento "se construye con acciones y reacciones específicas tomadas del medio". Las capacidades "conducen y orientan las acciones del comportamiento a través de un mapa mental, plan o estrategia".

Las creencias y los valores "proporcionan el apoyo (motivación y permiso) que afirma o niega las capacidades". La identidad "determina el propósito (la misión) y moldean las creencias y los valores a través de nuestro sentido del ser" (Dilts, 2003, p.260).

Utilizando este modelo podemos darnos cuenta que el nivel de aprendizaje en donde se manifiesta la disfunción, no es el mismo nivel en el que la persona identifica la intención positiva. Dado que la disfunción psicosexual aparece como una dificultad a nivel del desempeño (comportamiento) y la intención positiva se encuentra en un nivel de orden superior (las capacidades, el sistema de creencias o la identidad) es necesario que se trabaje en varios niveles a la vez seleccionando aquella/s área/s de la personalidad cuyas características se quieren recuperar.

Pasos para la recuperación de sí mismo/a:

219

Pedir al cliente que se imagine como quiere actuar y sentirse (una vez que la disfunción ha sido superada) no sólo en el área sexual sino como persona (primero de forma disociada y luego asociada).

Anclar el estado asociado utilizando un estímulo externo (visual, palabra, sensación, etc.) para conectarlo con el estado interno ideal de la persona.

Modificar la forma en que se había estado sintiendo y actuando (historia anterior) activando el anclaje mientras la persona recuerda las escenas de sí misma en el pasado.

Utilizando el mismo anclaje, llevar a la persona a explorar su futuro para que se dé cuenta del impacto de los cambios producidos en sí mismo/a y se haga responsable de ellos.

La PNL nos ofrece varias técnicas de las que podemos disponer para modificar la historia personal anclando los recursos que la persona posee (Mohl, 1998, p. 196).

Consideraciones sobre las técnicas sexuales Dentro de la estrategia de intervención que generalmente aplicamos para tratar las disfunciones psicosexuales, y en función de nuestra evaluación de cada caso, nos puede ser de utilidad aprender a manejar alguna de las opciones sugeridas en este artículo: podríamos buscar la intención positiva de la disfunción, desactivar rápidamente el núcleo emocional que acompaña al problema y ayudar a la persona de forma efectiva, a cambiar algunas de las características de su forma de ser que fueron afectadas por la disfunción.

Estas nuevas opciones de tratamiento pueden combinarse perfectamente bien con la utilización

de las técnicas ya conocidas de terapia sexual: ejercicios de Kegel, desensibilización sistemática, focalización sensorial, etc. (Master et al [1970], Kaplan [1974], LoPiccolo [1980], LoPiccolo et al [1988]). Hay que recordar que las técnicas que la/el cliente realizará en casa, solamente son efectivas cuando han sido seleccionadas y son prescritas dentro del encuadre de la intervención en momentos específicos para propósitos específicos.

La efectividad de las técnicas de terapia psicosexual alcanzan su nivel óptimo si la/el cliente entiende con precisión no solo como llevarlas a cabo (lo que requiere una descripción detallada de parte del profesional), sino que comprende que a través de su correcta realización podrá lograr los beneficios individuales y de pareja que se persiguen, especialmente aquellos que tienen que ver con incrementar la consciencia sobre su cuerpo, el conocimiento y aceptación de sus órganos sexuales, incrementar la confianza con su pareja en la intimidad y mejorar su bienestar subjetivo con respecto a su desempeño sexual entre otros.

Bibliografía

Aguirre, A. (2006) "Sexo, sexualidad, género y erotismo", 2006, Edit. BUAP, México

Andreas C. et al (1989) "Corazón de la Mente", 1991, Edit. Cuatro Vientos, Chile

Andreas C. y Faulkner Ch. (1994) "La nueva tecnología del éxito", 2005, Edit. Urano, España

Bandler R. (1985) "Use su Cerebro Para Variar", 1988, Edit. Cuatro Vientos, Chile

Bandler, R. (1980) "PNL la magia en acción", 2004, Edit. Sirio, España

Bateson G. (1972) "Pasos hacia una ecología de la mente", 1972, Edit. Carlos Lohlé, Argentina

Dilts, R. (1999) "El poder de la palabra", 2003, Edit. Urano, España

Dilts R. y Epstein T. (1995) "Aprendizaje dinámico", 2003, Edit. Urano, España

Dilts, R. et al, (1990) "Las creencias", 1996, Edit. Urano, España

Fish R, Weakland J.H. y Segal L. (1982) "La táctica del cambio" 1984, Edit. Herder, España

Grinder J. y Bandler R. (1975, 1976) "La Estructura de la Magia I y II" 1980, 1994, Edit. Cuatro Vientos, Chile

Grinder J. y Bandler R. (1979) "De Sapos a Príncipes", 1982, Edit. Cuatro Vientos, Chile

Haley H. (1976) "Terapia para resolver problemas", 1980, Edit. Amorrortu, Argentina

Kaplan H. (1974) Nueva terapia Sexual, 1997, Edit. Alianza, México

Lofland D. (1997) "Elimina los virus mentales con PNL", 1998, Edit. Urano, España

LoPiccolo J. (1980) Techniques for Managing Difficult and Resistant Patients, LoPiccolo, USA, 1992

LoPiccolo J., Heiman J. y LoPiccolo L. (1976) "Disfruta de tu Cuerpo", 1986, Edit. Pax, México

Master W. y Johnson V. (1970) "Incompatibilidad sexual humana", 1981, Edit. Intermédica, Argentina

Mohl, A. (1992-1996) "El aprendiz de Brujo I y II", 1998, 2004, Edit. Sirio, España

O'Connor J. y Seymour J. (1990) "Introducción a la Programación Neurolingüística", 1992, Edit. Urano, España

Watzlawick P. (1977) "El lenguaje del cambio", 1980, Edit. Herder, España

Watzlawick P., Weakland J.H., Fish R. (1976) "Cambio", 1982, Herder, España

Weerth R. (1992) "La PNL y la imaginación, 2002, Edit. Sirio, España

Wittezaele J. y García T. (1992) "La escuela de Palo Alto", 1994, Edit. Herder, España

222